ポストコロナ時代の“新”大家戦略！

堅実にお金を殖やす“身の丈”不動産投資

初心者必読

兼業大家
白岩 貢
Mitugu Shiraiwa

はじめに

私が初めて自分自身の物件として、吹き抜けアパートを企画したのが2004年のことです。

以来、世界経済に大打撃を与えた「リーマンショック」、未曽有の災害である「東日本大震災」。不動産業界に激震の走った「かぼちゃの馬車事件」などを間近で肌に感じながら、380棟あまりの新築アパートづくりのサポートをしてきました。

ここで私を知らない方に簡単に説明をさせていただきますと、私自身もアパート経営を行っている大家です。

最初は父から相続したアパート。それから自分で企画した物件も含めて世田谷・目黒から栃木県、静岡県など60室を所有しています。

大家さんの集まりなどで「不動産投資をはじめたい、物件を持ちたい」そんな初心者の方から相談されることが増えたため、大家業の傍ら勉強会を主宰し、物件見学会を行い・・・と続けるうちに、いつしかアパートづくりのサポートを本格的にはじめて、かれこれ15年以上行っているという経緯があります。

私は常に試行錯誤して、不動産投資トレンドの一歩先を見据えての戦略を練っています。当然プランは一つだけでなく、その時代に求められる賃貸物件を、入居者ファーストで考えて形にしてきました。

初期の吹き抜けアパートのみならず、賃貸併用住宅、シェアハウス、郊外型アパート、戸建て賃貸、旅館と多種多様な賃貸物件をつくり続けています。これらの物件は、東京では渋谷を中心として、京都などにもあります。

さて、ここで直近の「ポストコロナ時代」の市況の話をしていきたいと思います。

ここ数年は東京オリンピックを目前に控え、インバウンド需要が高まりを見せていたのは、皆さんの記憶に新しいところかと思います。

それが昨年12月に中国・武漢市で報告された原因不明の肺炎「新型コロナウ

イルス」の感染拡大により、世界は一変しました。

この原稿を執筆している8月8日現在、全世界の感染者は1937万人、死者も72万人を超えています（米ジョンズ・ホプキンス大学集計）。

日本の初患者は武漢からの帰国者で、その後、2月に3711人の乗員乗客を乗せたダイヤモンドプリンセス号内でクラスターが発生し、合計712人の患者が確認されました。


その後、日本国内に3月下旬以降の感染者急増を受け、4月7日、政府が全国を対象に「緊急事態宣言」を出しました。

感染拡大防止へ向けて外出自粛などの徹底を国民に呼びかけて一旦は収まったものの、7月から感染者が増え続け、8月8日現在、日本の感染者数4万5782人、死亡者1042人（米ジョンズ・ホプキンス大学集計）と感染拡大は続いています。

未だ終息の気配の見えないコロナショックですが、私たちに大きな影響を与えることは間違いありません。

不動産で直撃しているのはテナントやホテル・旅館だけでは収まるはずはなく、そのうち、安泰だといわれているアパートなどの住居系の物件にも変化が現れることが予測されます。

コロナショックの影響で大企業の経営不振も相次ぎ、これから大規模なリストラがはじまることも容易に想像できます。その時、皆さんの物件の入居者はどうなるのでしょうか。

できれば避けたい事態ではありますが、滞納や退去が相次ぐ可能性があります。その際に大切なのは、どのような入居者が住んでいるのか、管理会社の対応、家賃保証会社との契約の有無など。

また、新たに募集をかけるにあたり、そのアパートの立地や利便性、建物がどれだけ入居者目線でつくられているかなど、真価が試されることでしょう。

今後を予測すれば、入居者の属性も大きく変わってくることが予想されます。

所有物件の近くで企業の倒産やリストラなどで退去が相次いだとき、今まで通りの募集条件で満室を続けることはできるでしょうか。

これはコロナショックとの関連はありませんが、２０１８年以降銀行融資も厳しくなり、以前のようにサラリーマンが簡単に不動産投資向けのローンを組むこともできなくなりました。

つまり昭和から平成にかけてこれまでセミナーや書籍で紹介されてきた「通りいっぺんのマニュアル型の不動産投資の時代は終わりを告げる」ということです。

不動産投資の常識は大きく変わっています。

私自身、昨年までずっと規模拡大路線でやってきましたが、ある時、ふと足を止めて考えました。

いたずらに数字を高めたところで、何が得られるのだろうか・・・と。

そこで私は、「身の丈にあった不動産投資」というコンセプトに切り替えたのです。

詳しくは本文に譲りますが「身の丈」とは、「年齢・年収・属性・貯蓄」など、その人のおかれたリアルな状況や投資の最終目的によって、それぞれの出口まで見据えた最適な不動産投資を行うことに考慮した最新戦略です。

本書では、これから進むべく不動産投資のあるべき道「身の丈不動産」を、私の考えと経験に基づいてお伝えします。

具体的な物件の提案としては、次の6パターンです。

・吹き抜けアパート
・賃貸併用住宅（アパート型、シェアハウス型、旅館型）
・シェアハウス
・郊外型アパート
・郊外型戸建て
・旅館型（宿泊型）アパート・戸建て

このように、不動産投資といっても、その手法は様々です。

人によっては賃貸併用住宅とアパート1棟。人によっては戸建てをいくつか所有してもいいでしょう。

どれが正しくて、どれが間違っているということではないと思います。私以外の手法を否定する気持ちもありません。

ただし、自分のこれまでの経験から、私は「負けないアパートをつくることができる」という自信と実績を持っています。

過去の歴史が証明してきたように、必ず「コロナ時代」は終わり「アフターコロナ時代」に推移していきます。

かつての不動産不況も明けない夜はありませんでした。そして、夜が明けると必ずと言っていいほど不動産投資が大活況になります。

このピンチをチャンスとして捉え、いま「身の丈」不動産戦略ではじめて、堅実に利益を稼ぎだす仕組みをつくっておくことを強くおすすめします。

ムリをせず、ほどほどで良いのです。ぜひ、この機会に不動産投資にご興味をもっていただければ幸いです。

白岩 貢

※「身の丈不動産投資」は（株）217より商標登録出願中です（商願2020-095402）

◆目次◆

第1章 ポストコロナ時代の不動産投資市況

第2章

コロナ渦に行うべき、不動産投資は？
～「身の丈」不動産投資〝6パターンの物件&実例〟紹介～

第3章 新白岩流不動産投資の5カ条

第4章

各分野の専門家によるアフターコロナ不動産投資戦略

第5章 初心者が知っておきたい！ 堅実にお金を殖やすための「賃貸経営の新常識」

終章 アフターコロナ時代に勝つための備え

第1章

ポストコロナ時代の
不動産投資市況

新型コロナウイルスと不動産投資の共生がはじまる

不動産に限った話ではありませんが、世の中の大半の物事には流行り廃りがあります。

不動産で例えるなら、高度成長期はアパートを建てさえすれば続々と入居者が入りました。それがいつしか普通のアパートは供給過剰となり、時代と共にニーズも変化してシェアハウス、民泊と対象が変わっていきました。

そんななか、新型コロナウイルスの拡大感染により、世界経済に大きなダメージを残しました。私は、元の世界に戻る可能性があるとすれば、ワクチンができてから以降になると考えています。

とはいえ、世界中の何十億という人たちに対して旅行禁止にしておくのは、もう限界が来ています。ですから、コロナと共生しながら少しずつ旅行は緩和される方向になるでしょう。

ただ、シェアハウスに関してはそれが当てはまりません。むしろ淘汰が激化していくと推測します。

しかし、中目黒、恵比寿、代官山などの一等地はこれからも勝ち続けるのは明白です。都心でなくともエリアごとのに一等地は存在するので、そこを狙えば過度に不安を抱く必要はありません。

2008年に起こったリーマンショック後には複数の家賃保証会社が倒産しました。そのとき、多少のタイムラグはありましたが、空室が出て家賃が下がりました。今回ももう少し経ったタイミングで家賃の下落が起こるのではと思っています。

現時点では、店舗や旅館など商業系の不動産が大きくダメージを受けていますが、アパート・マンションといった住居系不動産はそれほどでもないと言われています。

しかし、その考え方は甘いのではないでしょうか。

過去と比較すると、住居であってもそれなりのダメージを受けるのは間違いないと考えています。

もともと不動産市場は「供給過剰」と「人口減少」で右肩下がりのトレンドでした。それを考えても楽観視するのは危険です。

地方もウィズコロナで生活が変わったら、今後さらに疲弊していく可能性は高いです。

現状は政府の補助金や給付金で、なんとか耐え忍んでいる企業も多いです。

しかし、それが終わったらどうなるのでしょう。

運転資金を借りていたとしても、返さなくてはならないのに、状況は回復できるでしょうか。

テイクアウトの弁当だけで居酒屋が経営できるわけではないですし、飲食店もソーシャルディスタンスのため席数を減らしたら採算が合いません。

リーマンショックのときは、まず金持ちからダメージを受けました。しかし今回は資産も立場も高くないところから被害を受けています。

今回のコロナショックで一番被害を受けているのは、所得が低い層だといわれています。派遣社員、アルバイトなどの非正規雇用の人たちや、業種でいえばアパレル、飲食、観光、工業全般などです。

そうして職を失った人が出ても、コロナ前は人手不足で引く手数多だった状況が今では真逆に転換しています。実際、私の事務所にも「うちで募集しませんか?」という求人の営業が相次いで来ています。

不動産融資は鈍化が続く

融資に関しては、数年前から鈍化の一途を辿っています。

しかし私は、これを悪いことだとは考えていません。

一時は、フルローン（物件価格の全額のローン）オーバーローン（諸費用までを含めたローン）を使ったハイレバレッジ投資が流行りましたが、その多くは大変な状況に陥っており、私のもとに訪れる相談者が後を断ちません。

「今は融資が厳しい」とよく言われますが、20年前と比較すれば、断然借りやすい状況です。昔に戻ったという意味では、逆にこれまでが異常だったと考えるべきです。

頭金0で何億円もの融資を引っ張ってこられること自体がおかしな話です。しかも、そこには地方の田舎の物件で利益がほとんど出ないものも数多く含まれます。

例えば、最初は5万円台後半～6万円程度の家賃だったのが、近い将来4万円まで下がってしまったらどうなりますか。月々の返済はできるでしょうか。

資産と借金は別物

このような厳しい状況下、不動産投資を行っていくためには、やはり「身の丈に合ったもの」が大切です。

身の丈に合ったものは、当然それぞれの属性によって異なります。地主は地主、会社経営者、自営業、サラリーマンにもそれぞれのやり方があります。

そして当たり前のことではあるのですが、資産と借金を等しく考えてはいけません。

私のもとへ相談に見えた方で、北海道の札幌の物件を購入して困っているサラリーマン投資家さんがいらっしゃいます（詳細は3章で紹介しています）。

そもそも東京に住む人が、札幌という遠方の物件を買うこと自体にリスクがあります。

札幌の物件は、冬の温度差がありすぎて傷みやすい、というのはある程度リサーチしていればわかることです。だから地元の投資家は、大規模修繕のタイミングが来る前に売っているわけです。それを東京の人がまんまと買ってしまうという図式があります。


他の失敗例として、先日相談に来た人は、北関東に20室のファミリータイプの物件を所有しているのですが、全空ということでした。

普通、全空であれば銀行が融資を出しません。つまり買いたくてもハードルが高いのですが、この方の場合は違いました。銀行からの紹介で買っていたのです。しかもフルローンです。

話を聞いたところ、その相談者は50歳で夫婦ともに公務員で、いわゆる高属性と言われる安定的な職業についています。

社会的に信頼度の高い高属性のお二人に、銀行が持て余した物件を売りつけたのではないだろうかと推測します。

購入物件は８０００万円台、各部屋は３ＬＤＫと広く、全空なのでこれから原状回復（貸し出せる状態へ戻す工事）をして埋めなければなりません。

想定家賃を聞いたところ、「２万８０００円」とのことで、思わず私は「家族が暮らして月家賃２万８０００円って、どういう客層かわかりますか？」と聞いてしまいました。

その相談者が物件紹介を受けた、銀行系列の不動産業者も随分強引な営業をしています。じつはいま、銀行は一種の左遷として、元銀行員を系列の不動産業者にさせているのです。

宅建士の免許を取らされて不動産業者になった「行員不動産屋」は、不動産の担保評価はできても、不動産の良し悪しや、不動産投資のことはあまり理解していません。

しかし、売れなければ圧力がかかって最後は退職に追い込まれる可能性もありますから、必死で営業をするしかないのです。

本来、銀行融資が厳しければ不動産は売れませんが、そこは銀行系列ですから融資アレンジがしやすいため、こうした儲からないどころか大損する不動産まで売れてしまう現実があります。

その相談者ご夫妻は、夢をお持ちでした。早期退職して北関東でサーファーショップを開きたいとのことでした。ただ、北関東には海がない県もあります。

そこで私は「千葉の海沿いのサーファー向けアパートをつくったらどうですか？」と提案したのですが、すでに決済は終わっていたため手遅れでした。

このご夫妻のアパート経営は前途多難のように思えます。せっかく融資が受けられても物件選びを間違えてしまえば、借金は増えても資産は増えません。

だから「身の丈」に合った不動産投資

昭和〜平成〜令和と株式投資や不動産投資、その他の投資をやり続けて、バブル崩壊～リーマンショック～東日本大震災・・・そして今回のコロナウイルスショックを迎え、最終的にたどり着いた答えが身の丈不動産投資です。

繰り返しになりますが、サラリーマン大家さんならサラリーマン大家さんとしてほどほどの不動産投資、地主さんなら地主さんとして相続対策を視野に入れた、会社経営の方も本業に合わせて不動産投資という、とにかくご自身の身の丈に合った不動産投資をしましょう。

なぜなら、今、世界で起きている新型コロナウイルスの打撃が、多くの人の人生観を変えるのは間違いないからです。

自分自身を振り返ってもバブル崩壊の影響を受けて、株式投資の信用取引での大敗。そして離婚、夜逃げをしてからの破産という人生をたどっています。

平成の初めにこのような経験をしたあとに法人タクシー運転士を10年勤め、やがて個人タクシー免許を取りましたが、父親の突然の死で相続税の支払い、平行して相続争いに巻き込まれました。

混乱の最中に自分でアパートを企画。新築・管理して専業大家をスタートしました。

その後、不動産投資の勉強会を主宰して、大家さんにとって入居者さんにとっても良いアパートづくりの提案を行っています。この点については、これまでブレることなく一貫しています。

勉強会は、最盛期で187名の有料会員さんがいまして、世田谷・目黒に敷地延長を有効利用した吹き抜けアパートの新築を、かなりの件数サポートしました。

現在と違い当時は世田谷・目黒で土地を新規に買っても利回りがとれたのも事実です。

たまたま、勉強会の会員さんの知人である元サッカー日本代表の選手との縁を持ちました。

そして、SC相模原という現在J3にいるチームをゼロから立ち上げまして、神奈川県3部2部1部、関東2部1部、JFLからJ3とJリーグのチームまで最短で昇格させるのを、専務としてお手伝いをしたのです。5年目からは友人に専務に入ってもらい、私は常務となりました。現在はノータッチですがチーム愛はあります。

自分は何でもできる。今から思うと、この頃からこのような自信過剰の意識が芽生えてきたのではないかと思っています。

その後、世田谷・目黒の土地が高騰して、新規にアパート取得が不可能になり、北関東で2000坪の土地開発をして、戸建て賃貸事業を企てたのですが、運悪くそこにリーマンショック・・・。億近い大損をしたのです。

その時に、人の嫌な面も散々見ました。人間不信になり不動産投資から離れて、秋葉系のビジネスをしようと考えました。なぜ秋葉原なのか、今でも分かりませんが（笑）。

こうして紆余曲折を経て、やはりというか、結局、大好きな不動産投資の世界に戻ってきたのです。

それからは宅建業も取得して、時代や土地価格に応じてアパート、シェアハウスをサポートしてきました。

その後に、国策としてインバウンド需要が爆発、京都と東京で新築の旅館アパートをサポート運営していましたが、この誰もが予想不可能なコロナウイルス禍が世界で起こり、インバウンドが一瞬にして消滅・・・今後の修復を待たねばなりません。

たまたま、2019年の秋ごろから拡大志向はおかしいと肌身にしみて、縮小志向に向かっている途中での今回のコロナウイルス禍だったのです。

当時の私は渋谷、京都、目黒に事務所を持ち拡大志向で運営していました。社員さんもアルバイトさんもどんどん増やして・・・今から考えたら恐ろしい位の人数がいたのも事実です。

去年の末から契約社員さんには辞めていただき、代わりのスタッフは入れず、この春まで極限まで最小化に努めてきました。

これまでお世話になった社員さんやアルバイトさんにも迷惑をかけましたが、

ローンを抱えているオーナーさんのためにも数十年、もしくはそれ以上にインバウンド系管理会社として生き残るのも責務だと思っています。

そして、アパートとシェアハウスの集客と管理運営は、その道のプロである2000室の客付け実績がある満室王子こと穴澤君に任せて頑張ってもらっています。

このようにして私の体制はミニマム化したものの、提供できるサポートなどのサービスは変わりません。むしろブラッシュアップされていると自負しています。

ピンチをチャンスに変える思考力

さて、前置きは長くなりましたが、2020年2月からコロナウイルス騒ぎが日本でも始まり、3月、4月、5月とどんどん悪化して、緊急事態宣言が出て、国境が閉じ商店がしまり、移動の自粛が始まり、自分が今まで経験してきたバブル崩壊、リーマンショックとは比較にならないほど経済的にも緊急事態だと感じています。

ほぼ、全世界、そして全産業に被害が及び、それも小規模な事業者から大規模な事業者までも平等に襲い掛かっています。

この嵐が過ぎてピンチをチャンスにするにはどうするか。

それを各自で考えるしかありません。

世界の人はＬＣＣ含めて旅行の蜜の味を知ってしまったので、コロナが収まれば今まで以上になりますから、いろいろ考えて実行に移していきたいと思っています。

このコロナウイルス禍は人を沢山使ったり、Ｊリーグチームを創ったり、本を出して「先生！」ともてはやされたり、「自分はイケてる！　ガンガン拡大できる！」と錯覚していたことが間違いだと私に気付かせてくれました。

緊急事態宣言期間中は自粛して、時間だけはあるので本当に思考を重ね、自問自答しました。

その結果、私は初心に帰って地道にそれぞれの方の身の丈に合った不動産投資を行うことだと結論づけました。

具体的にどのような投資を行うべきか、それについては第2章から詳しく解説しています。

第2章

コロナ渦に行うべき、不動産投資は？

～「身の丈」不動産投資 “6パターンの物件＆実例” 紹介～

賃貸併用住宅型

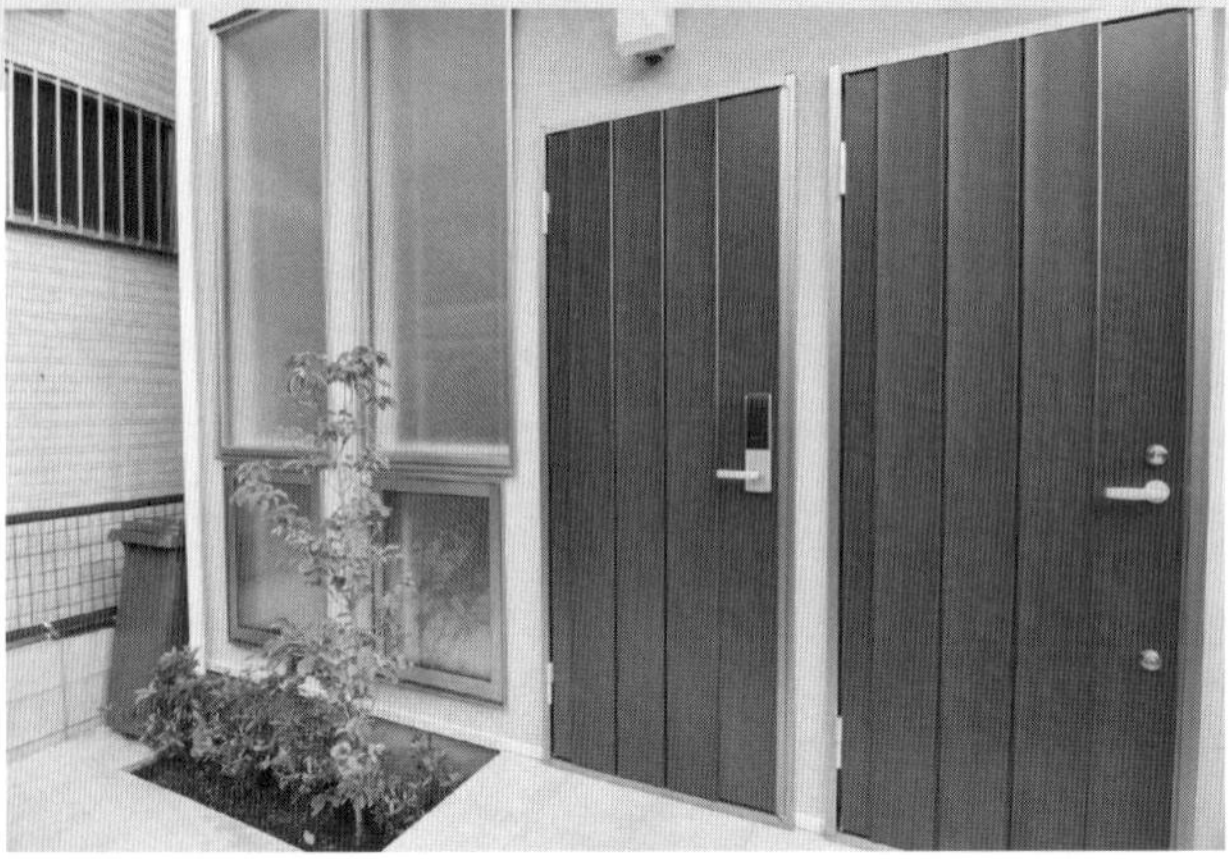

■ 物件概要（シェアハウス併用住宅）
エリア：東京都杉並区／ 築年数：6年
家賃　：385,000円
※1F（45.54㎡）、2F（45.54㎡）、3F（45.54㎡）

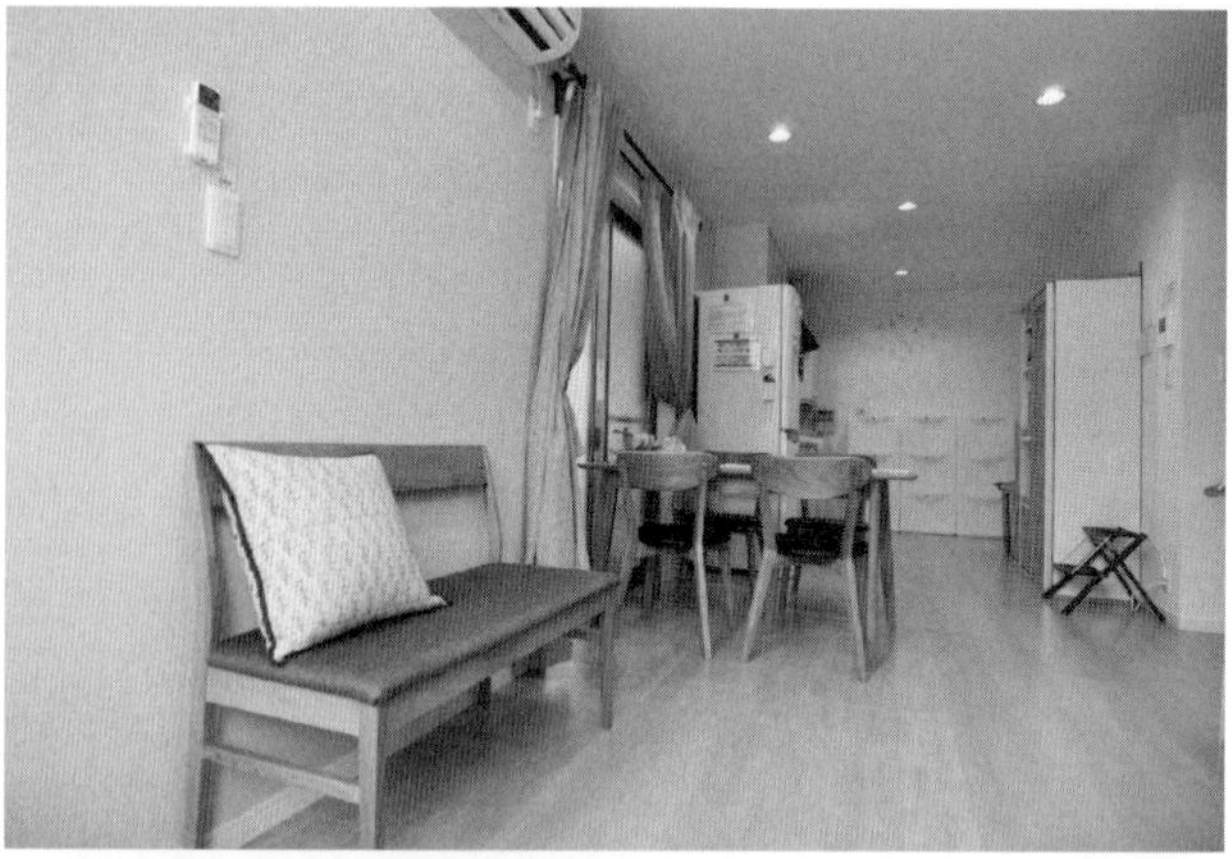

新型コロナウイルスの影響で、世界は一変しました。人々のライフスタイルは変わり、企業も多かれ少なかれ変革を余儀なくされたのです。

ビジネスパーソンにとっても、長期的な見通しはより難しくなりました。35年の住宅ローンを組んだとしても、現状の働き方をベースに考えるのはあまりにも危険であると多くの人が感じたのではないでしょうか。

これまでも「会社に頼らない」という言葉はある種の流行語として機能していましたが、今後はより浸透するでしょう。

すなわち、「給料以外の収入の柱を持ったほうがいい」という世界観がハイスピードに進行しているわけです。

その選択肢として有望なのが「賃貸併用住宅」です。また、そこからさらに進化した「シェアハウス併用住宅」「旅館併用住宅」の、合わせて3つがコロナ禍での初めての不動産投資には適していると思います。

「賃貸併用住宅」とは、アパートにマイホームが併用された住宅で、「シェアハウス併用住宅」とは、シェアハウスにマイホームが併用された住宅。「旅館併用住宅」とは、旅館にマイホームが併用された住宅となります。

いずれの場合も収益性の高い不動産と自宅が併用されることで、不動産の収入から住宅ローンを支払うことができるため、実質、住宅ローンの負担がないのが大きな魅力です。

くわえて言えば、収益不動産とマイホームの割合で、マイホームが50％を超えていれば、土地・建物の金額すべてに住宅ローンを使うことができます。金利が高めの不動産投資ローンに比べて、住宅ローンは驚くほどの低金利ですので、月々の返済負担も軽くなります。

また、住居部分だけに限られますが、所得税が控除される「住宅ローン控除」（正式名称：住宅借入金等特別控除）を使うことができます。

これらの投資を行う場合、立地の良さが最も重要な条件です。

たとえば東京・神奈川・千葉・埼玉の郊外で投資した場合、賃料水準が低いため、賃貸併用でも家賃は6万円、7万円程度です。これでは住宅ローンを払わなければならないのと同じです。

一方、立地が良い物件はより賃料が高くなります。一等地でなくても、シェアハウスや旅館にできるエリアであれば、投資リスクも低くなります。

たとえば、あるオーナーAさんはコロナ禍のなか完成したにもかかわらず、涼しい顔をしていらっしゃいます。この方は去年、立川市にある自宅を売却し、山手線の駅徒歩5分のところにアパート併用住宅を建てました。旅館に比べて収益性は低いものの、コロナショックによるダメージを懸念することはまずないのです。

また、オーナーBさんは恵比寿駅徒歩3分の「シェアハウス併用住宅」を購入しました。土地価格は9000万円を超えていましたが、すでに購入時から地価が5割近く高騰しています。Cさんは決断力があったので人気エリアの物件を手にすることができました。

ちなみに、Aさんはまだ現役サラリーマンですが、Bさんはご夫婦で現在、会社員をリタイヤされています。このようにウィズコロナ時代にあっても、今回おすすめしている投資法で脱サラしている方がいるのです。

他にも、Cさんは世田谷区の駅近立地で、これから「賃貸併用住宅」を建てようとプランニング中です。二面道路の角地で土地の評価も高く、住宅ローンを考慮すると、十分すぎるほどの利益を確保できるでしょう。

吹き抜け アパート型

■ 物件概要（吹き抜けアパート型）

エリア：東京都目黒区／築年数：7年
家賃：445,000円（99,000円～ 124,000円×4部屋）
※世帯、1DK、27.29㎡（1F）、31.29㎡（2F）

私は2002年から「吹き抜けアパート」を企画しており、いずれも常に安定した経営を展開できています。世田谷区にある物件は、そろそろ築20年になりますが、広さ24平米、ロフト12平米程度で、敷金・礼金ともに0でもすぐに入居が決まる状況です。

大きな理由は「吹き抜けがある」という特長があるからです。

ただのワンルームではなくて高さがあることで、空間の贅沢さ、居心地の良い部屋、圧迫感のない分だけ部屋の面積以上の広がりを感じ、居住性は格段と向上します。アパートメーカーによくある規格型の物件ではなくて、法令のなかで土地や空間を最大限有効活用できる設計をしています。

また内装デザインにくわえて、キッチン・風呂・洗面所などは生活動線を意識して女性デザイナーが企画から関わっています。

もう一つ言えば、デザイン性や居住性だけでなくメンテナンスがしやすい物件であるのも特長です。

というのも、私が企画するアパートは「集合住宅」ではなく「長屋式」だからです。長屋式とは木造ではありますが、外階段のあるいわゆる「木造アパート」という建物ではなく、2階への階段は各戸に備え付けられています。そのため管理すべき共有部が少ないのです。

外階段、共有廊下がないため、定期清掃の手間にくわえて電灯は最小限で済み、電気代もほとんどかかりません。

こうしたメンテナンスフリーへの工夫は「賃貸併用住宅」「シェアハウス」「旅館」にも生かされています。

また、リーシングでいうと、私自身の吹き抜けアパートは敷金・礼金を各1カ月で設定していますが、オーナーによっては敷金、礼金をあえて0にして、家賃を5000円アップして入居付けを高めにするという戦略があります。

家賃を高くすると、保証会社の審査をかけていることもあり、入居者の質も高くなります。

入居者からすれば、例えば家賃12万円なら敷金・礼金合わせて24万円、さらに諸々の手数料を含めて30万円近くお得になるので、かなりのメリットになると思います。

シェアハウス型

■ 物件概要（シェアハウス型）

エリア：東京都渋谷区／築年数：8年
家賃　：468,000円
※※1F（29.91㎡）、2F（29.91㎡）、3F（16.79㎡）

シェアハウスは地方からやってくる女性が、「住んでみたい」と憧れるような立地に徹底的にこだわっています。こちらは2012年からはじめて、現在15棟の実績があります。

写真映えのするリビングルームに、使い勝手のよいキッチンやバスルームなど、魅力的な共有部を備えた女性向けシェアハウスです。シェアハウスでは駅からの距離はもちろん、駅のブランドも非常に重要な要素です。

中目黒、恵比寿、代官山、目黒などの都内23区の好立地駅から徒歩5分なら客付けに困ることはまったくありません。また次点として、高円寺、三軒茶屋、池尻大橋も人気エリアです。

シェアハウスの家賃は4万円から6万円程度です。東京でも郊外に行けば、この値段で一人暮らしができますが、都内となれば、ワンルームでも8万円から10万円程度するのが普通です。

また、今は保証会社が必須ですから、「上京したばかりで求職中」といった女性は不利です。よほどしっかりした連帯保証人がいればともかく、そうでなければ保証会社の審査に落ちて門前払いとなるケースもあります。

くわえて、地方であれば礼金・敷金が0で、初期費用もオーナー持ちといった物件も増えていますが、東京では皆無です（東京でも戦略として礼金・敷金0を行うオーナーもいますが、ライバルがやらないからこそ、これが強みとなっています）。

部屋を借りるためには家賃や仲介手数料だけでなく、火災保険料や家賃保証会社の契約金、鍵の交換代などもかかります。初期費用は、家賃の5カ月分が目安とされています。

そうなると、トランクひとつで引っ越しができて、保証人や保証会社も不要、家具家電付きで引っ越したその日からインターネットや生活必需品が使えるシェアハウスは大きな魅力を持ちます。

旅館（宿泊）型

■ 物件概要（旅館（宿泊）型）

エリア：東京都世田谷区／築年数：2年
宿泊料金：22000円～33000円（6人部屋）、18000円～27000円（3人部屋）、16000円～24000円（3人部屋）
※3世帯、客室、51.0㎡（6人）、32.0㎡（3人）、25.0㎡（3人）

旅館といえば、温泉があったり仲居さんがいたりする大規模な宿泊施設を思い浮かべるかもしれませんが、ここでいう「旅館」とは、旅館業法上、定義された旅館です。

厚労省の「旅館業法概要」によれば、以下のように書かれています。

> 旅館業とは「宿泊料を受けて人を宿泊させる営業」と定義されており、「宿泊」とは「寝具を使用して施設を利用すること」とされている。旅館業は「人を宿泊させる」ことであり、生活の本拠を置くような場合、例えばアパートや間借り部屋などは貸室業・貸家業であって旅館業には含まれない。また、「宿泊料を受けること」が要件となっており、宿泊料を徴収しない場合は旅館業法の適用は受けない。
>
> 厚労省「旅館業法概要」より抜粋

この旅館業には「ホテル営業」「旅館営業」「簡易宿所営業」「下宿営業」の4種類があり、私がおすすめてしているのは「旅館営業」もしくは「簡易宿所営業」です。

その他、合法で旅館を行うためには、「特区民泊」(国家戦略特別区域法に基づく旅館業法の特例制度)や「民泊新法」(住宅宿泊事業法)がありますが、これらの民泊については、旅館業法に比べて営業日数の制限などが厳しくなっています。

旅館であっても駅からの距離やどこの駅にあるのかが重要ですが、「ブランド力」の意味がシェアハウスと異なります。知名度の高い浅草や渋谷、新宿などの交通の便が良いターミナル駅の物件が人気です。

ただ、旅館では、立地が悪くてもカバーできることが特徴です。自分がホストとなってゲストに対してのホスピタリティを高めると、稼働率が桁違いに上がります。駅から離れていてもリピーターが増えれば安定経営できます。

たとえば、両親の自宅を旅館併用住宅にして、人と接するのが得意なお母さんがホストになってくれれば、管理会社に頼むよりもきめ細やかなサービスが提供でき、ファンができる可能性も高いです。

そういう意味ではエリアのブランド力がなくても、つまり「日本中どこでも」旅館として運営できるポテンシャルがあるといえます。非常に再現性が高いビジネスモデルなのです。

しかも民泊新法であれば、規定された年間の半分以下の稼働であってもビジネスとしては十分成立します。

現状空き家で固定資産税だけ払っており、たまに行って掃除するなどして手間がかかっているのなら、旅館にしてお金を稼ぐ物件に変えたほうが遥かに経済的負担は少なくなります。それどころか利益が出る可能性すらあるのです。

この方法だと、物件の掃除も近所の人をパートとして雇って任せることができますし、何より在宅型「Airbnb」は合法化の届出が非常に楽です。

ですから、空き家や空き部屋があるのでしたら、それを貸し出すことをぜひ検討してほしいと思います。

旅館は立地はもちろん、その日によって値付けが変わるため、利益を伸ばしたいなら、自分で研究しながら手間暇かける必要があるでしょう。

一方、手をかけたくないのなら手数料を支払って代行会社に委託する方法もあります。ただ、代行会社に頼むと「ホストとゲスト」の関係は築けません。そういう意味で、物件を育て上げたいという意志がある人は、自分で対応するのがおすすめです。

郊外型アパート

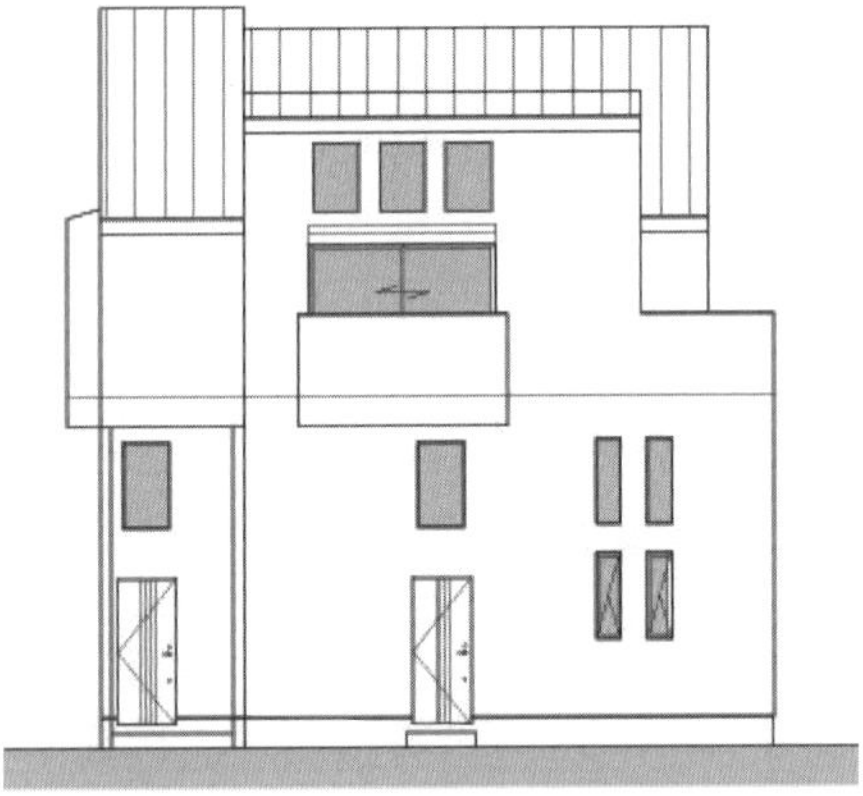

■ 物件概要（郊外型アパート）

エリア：埼玉県所沢市／築年数：建築（2021年3月竣工予定）
家賃：260,000円（62,000円～68,000円×4部屋）
※4世帯、1R、25㎡

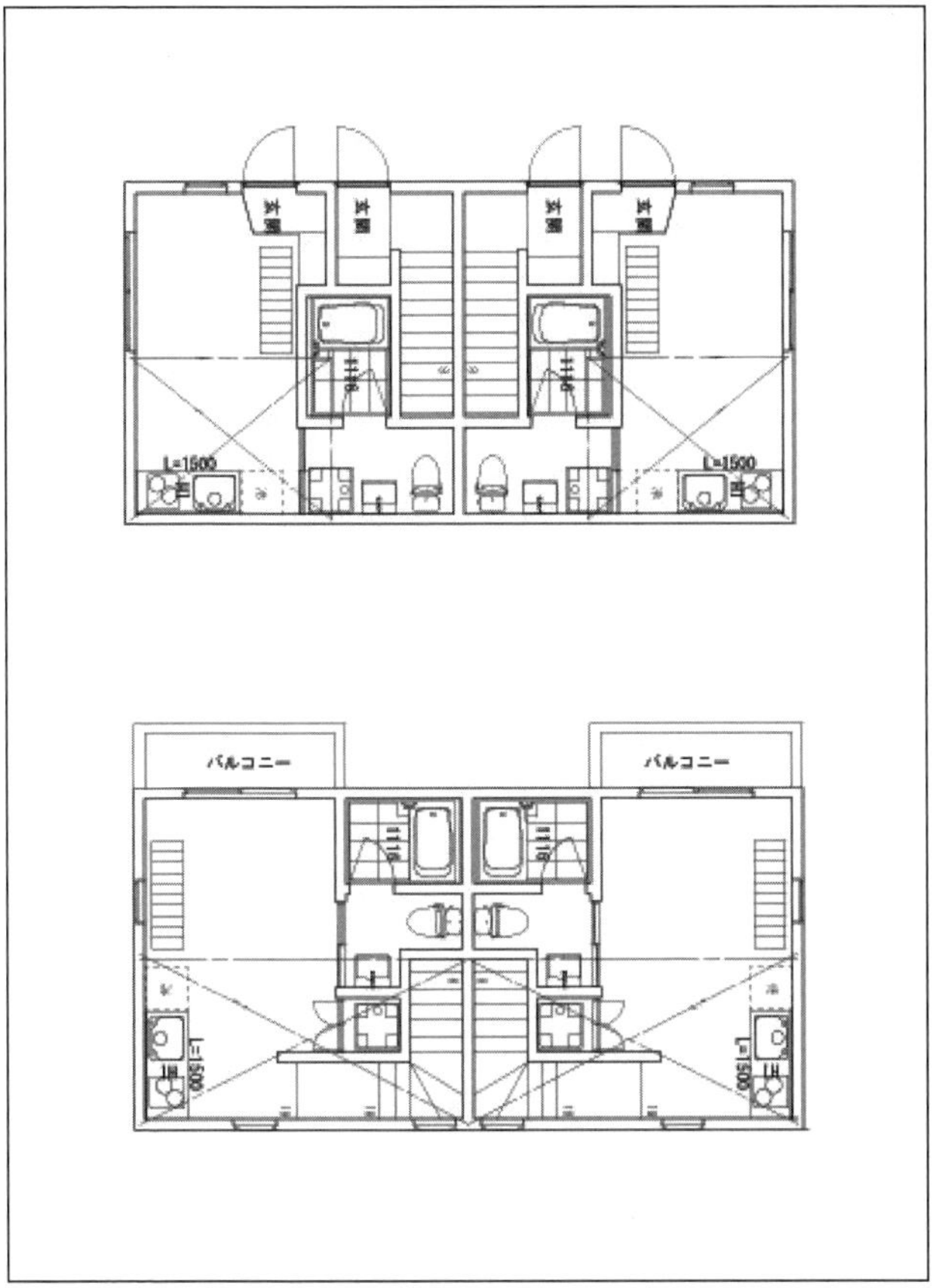
L=1500
L=1500
バルコニー
バルコニー

私が今考えている新しいアパートの形態は、1000～3000万円程度の郊外の土地に建つ4世帯アパートです。

なぜ4世帯なのかというと、全室角部屋になるので貸しやすくなるからです。

「デザイン」と「機能性」。それがこのアパートのコンセプトです。

1室の広さは、25～30平米の1部屋にロフトの代わりに造りつけのベッドを設けます。これが3・3平米程度の広さを持ちます。

普通のアパートよりも天井を20センチ高くして、そこに3・3平米のベットがあれば、コストをかけずにミニロフトがつくれて広くて快適な部屋になります。

場所は1都3県で考えています。具体的には、常磐線、東武東上線、西武新宿線など東京に乗り換えなしでつながる駅の徒歩10分以内です。

トータルコストも5000万円程度で、頭金が1500万円あれば普通のアパートローンで融資を受けることも可能です。また、土地を安く購入できれば、高利回りも実現できます。

郊外型戸建て

■ 物件概要（郊外型戸建て）

エリア：栃木県宇都宮市／築年数：14年
家賃　：120,000円

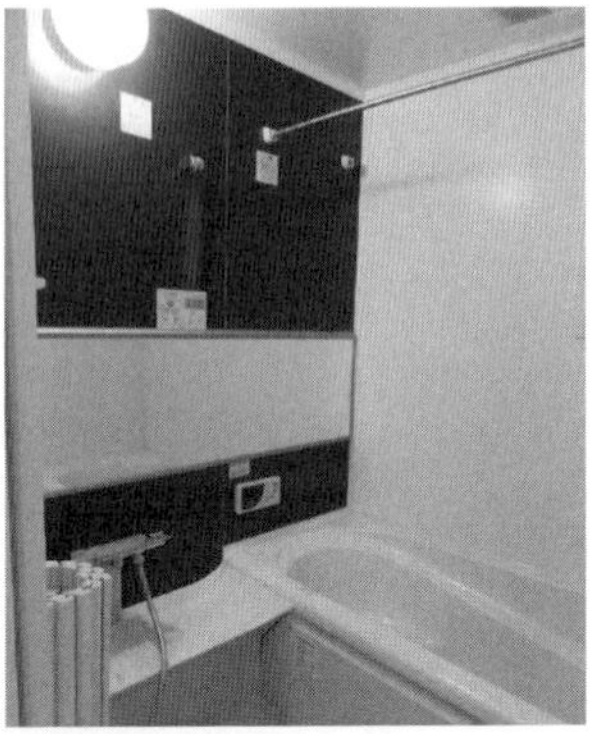

ここ数年、郊外型のボロ戸建て投資が人気です。

私は、この投資法では「客付けできる不動産会社を先に見つける」ことができれば、相当強いと感じています。

東海地方のある地域に、二代に渡って家族で経営している地域密着型の老舗の賃貸仲介会社があります。そこに投資家3人(東京2人、神奈川1人)がボロ戸建てを求めてやって来て、200~300万円で購入しました。そして、その会社が客付けをして、6万8000円で埋めたのです。

このように日本全国の空き家は、「客付けできる賃貸仲介の不動産会社」がいれば、非常に投資価値のある物件に生まれ変わる可能性があります。

空き家バンクを見ると、実態からはかけ離れた希望小売価格で販売されています。

しかし空き家バンクで1000万円の物件でも、地元の不動産会社に直接交渉に行けば、200~300万円程度で買えることもあるのです。私自身も地域密着型で経営している不動産会社から直接不動産を仕入れることもあります。

地方で中古物件を購入するときは、つい利回りだけに注目しがちですが、何より「入居付けができるかどうか」を見るべきです。いくら安く買えても稼働率が低ければビジネスとして成り立たないからです。実際、それで苦労している不動産投資家はたくさんいます。

だからこそ、そもそも客付けのできる不動産会社から買うのが最も効率的だと私は考えたのです。ですから、地方のボロ戸建てを購入するときは、販売業者ではなく客付けを長く続けている業者から買うことがおすすめです。

こうしたボロ戸建ての出口ですが「空室でマイホームとして売却する」「入居者がいる状態でオーナーチェンジで売却する」「建物を解体することを前提に土地として売却する」の3種類があります。

古くて建物の状態が悪ければマイホームで売るのは厳しいですが、これを建て直して新築のガレージ付き戸建てにすると高く売れる可能性が高まります。

実際、私は10年ほど前に栃木県宇都宮市にビルドインガレージのついた戸建てを企画しました。なかなか退去がなかったのですが、先日3年ぶりに退去するということで、賃貸と同時に売却の募集もしたところ、マイホームとしてすぐに買い手がつきました。

つまり、投資家とマイホームと両方に出口があるということです。

まず入り口として安いボロ物件を購入する。その後についても、いろいろなプランが考えられるのが戸建て投資のメリットではないでしょうか。

【コラム】

すぐに満席！　白岩事務所で行っている実践型勉強会「身の丈不動産投資セミナー」とは

白岩がサッカークラブSC相模原の役員をしていた時に友人の紹介でJリーグ公式記録員として毎試合記録担当していたSE。その時に、真面目さと几帳面さと豊富なPC知識がない私には不可欠な人材として現在事務局を任せている門口氏をスカウトしました。HPをはじめとしたサイトまわり、SNS全般、映像アップ、資料作成、会員とのやりとりなどを、全てを完璧にこなしてくれている逸材です。

白岩貢事務所の事務局全般を担当している、門口晃久（もんぐちてるひさ）です。

不動産投資の勉強会と聞くと、会員制で、セミナールームで行う座学をイメージされると思います。

しかし、私たちは「現場主義」に重きを置いているので、とにかく現場を見に行くスタイルをとっています。「不動産投資は会議室で学ぶものではない」をモットーに座学ではないセミナーを毎回違う内容を現場（実際の物件内や物件視察など）で行います。

また、何十万円もかかるような高額のスクール型勉強会をよく見られますが、当会は1回3000円の会費制です。皆さんがご興味をもっていただいたテーマの勉強会だけ、その都度参加いただける仕組みで運営しています。

くわえて少人数制で行っているため質疑応答などが活発にできます。毎回、10人前後でセミナーというよりは、実践勉強会の方がより役立つ内容になると思います。

質問も相談も自由にできますし、「また改めて相談したい」ということでも大丈夫です。すでに不動産投資を行っていて悩みを抱えている人が、白岩さんや専門家に相談をする場面もよく見られます。

白岩さんとは7年以上仕事をしていますが、大家として不動産投資家としての引き出しの多さやスピード感にいつも驚いています。

他のセミナーや勉強会であれば、一つの不動産投資手法に絞って学ぶケースが多いです。ボロ物件ならボロ物件、民泊なら民泊、区分マンションなら区分マンションといったところですが、そこはこれまで白岩さんが行っていた実績や経験値に基づいて、さまざまな投資手法を学べるのです。そこが他の勉強会との圧倒的な違いなのです。

一例をあげれば、現在入居募集中の物件を見に行って、「良い物件、悪い物件、普通の物件では何が違うのか」ということを学べる勉強会が好評です。

前回見に行った「悪い物件の例」は、東急田園都市線のK駅から徒歩5分のマンションですが、長らく3室が空いている状況でした。これは地主さんの物件で、1階にオーナーであるおばあちゃんが住んでおり2階が賃貸部分です。

このマンションは世田谷区の人気駅からも近く、一般的に考えれば競争力のある物件です。

一体、何が問題だったのかというと、まず内見は「オーナーが家にいるときのみ可能」としていたのですが、肝心のオーナーは病院通いで日中はほとんど家にいません。

しかもオーナーの家の窓の前には自転車が置けるのに、それを嫌がっているのか、廊下にすべての自転車が置かれているため、非常に通りにくくなっています。

さらに、空室の部屋のなかには、せっかく原状回復したのに、オーナーの本棚や机を置いて倉庫代わりにしていたのです。この状況では決まるものも決まりません。

こうしたオーナーの意識不足のせいで3室が空室で、年間500万円程度をドブに捨てている状況でした。

このようなケースを反面教師としつつ、一方で掃除が行き届いて、原状回復もきちんと終わっている「普通の物件」を見学し、最後にリフォームがしっかりされていてメンテナンスが行き届き、空室があればすぐ埋まる人気物件「良い物件」を見てもらいます。

インターネットの募集情報やマイソク（物件の資料）からは築年数や駅からの近さなどしかわからないのですが、実際訪れてみると築年数が経っていても人気がある物件が、なぜ人気のある「良い物件」なのか、よく理解できます。大きくいえば「入居者ファースト」なのか「大家ファースト」なのかの違いです。


今後は、建築士や大工、工務店の社長と一緒に建築途中の物件を見学する勉強会も実施しようと考えています。その物件のオーナーさんが案内して質問を受け付ける勉強会も企画中です。

今は白岩さんの物件のある世田谷・目黒が中心となっていますが、そのうち全国の物件に出向いてもいいかもしれません。

郊外型の物件は都会と違った賃貸ニーズとなるため、駅前で集合駅の周辺を見ていく勉強会もいいでしょう。

ボロ物件の現場を見てから客付け店舗の数を確認してヒアリングを行ってみるなど、物件だけでなく、その駅のポテンシャルを調査するような内容です。


税務から建築、客付け、デザイン・・・このように勉強会のテーマはさまざまです。オーバーローン、フルローンを借りてハイレバレッジをかけるような無理をせず、身の丈のあった不動産投資をしよう。そのために現場で学んでいこうというのが根幹となっています。

その人によって事情が違うので、それに合わせて不動産投資をするのが正しいのだと考えています。

興味を持たれた方は白岩貢サイト（https://shiraiwamitsugu.com/）内の「身の丈不動産投資勉強会（セミナー）」で紹介していますのでぜひご覧ください。今後の勉強会のテーマも随時更新しております。

第3章

新白岩流
不動産投資の5カ条

目的「身の丈」にあった不動産投資をすべし

不動産投資の目的は人それぞれですが、大事なのは「身の丈に合った投資」をすることです。

「年間キャッシュフロー1000万円」といった数値目標を盲目的に掲げる人が多いのですが、本当に自分にとって必要な目的の設定が大切です。

私のサポートしたサラリーマン投資家さんに、55歳で会社員を早期リタイヤした人がいます。その方は6世帯の中古アパートを所有していましたが、「年金程度のお金を得られればいい」という目標を持っていました。年金を加えて月収40万円もあれば暮らしに困らないという考え方です。

その方は夫婦で暮らしており子どもがおらず、東京都下にある家賃8万円のアパートに住んでいます。ワンルームとそのアパートと、大阪の自宅を賃貸に出していたのですが、「もう十分だ」ということでした。

趣味は自転車で、生活にそれほどお金はかからないこともあり、「そもそも不動産をそこまで積極的に買う必要性が理解できない」とおっしゃっていました。

不動産投資を積極的に行っている人の多くは、「数字のゲームが好き」といえます。

もともとは目的があって始めるものの、結果を出す度に数字をより求めるようになってしまうのです。

一部の不動産投資家は、「俺はフルローンを引いた」「○億円の借金をしている」「資産○億円を超えた」などの意味不明な自慢をしています。

しかし、負債・土地・資産を一緒くたにして考えるのは無理があります。

ある投資家さんは札幌を中心に10億円以上の一棟マンションを購入しました。

しかし、2018年の札幌地震の影響で、400万円の修繕費がかかったそうです。幸いこの分は地震保険で補填されました。ここまでは良かったのです。ところが冬になって、壁の間に雪が入って外壁のタイルが膨らみ、その後積もった雪が解け、水が壁の間に入って外壁タイルの一部がはがれ落ちました。その修繕に300万円もの出費が発生するそうです。

すでに保険を受け取っていますから、この出費はオーナー自身の負担となります。修繕を担当した業者からは「来年も同じようなことが起きる可能性は十分あります」と告げられたそうです。

「メガ大家」などと呼ばれる大規模な投資家のなかには何十億円もの借金を抱えている人がいますが、実際にはさほど利益を得ていない人もたくさんいます。

一旦は成功を収めていても、もっともっと大きな数字を求めた結果、失敗投資をしているケースも散見されます。

数字を追ってもきりがなく、結局いつまでも規模拡大していくはめになっています。人によっては規模の大きさを自慢したり、うらやましく思ったりすることもありますが、私からすると、身の丈にあった不動産投資を行うのがベストであり、ただやみくもに数字を追いかけるのは、あまり意味がないように感じます。

身の丈不動産投資というのはフリーター・自営業・サラリーマン・会社経営者・地主さん・・・それぞれ考える身の丈が違うので、それに合わせた不動産投資を行えばいいのだと思います。

立地　目的にあった「強い」立地を選定

立地に関しても「目的」に合ったものを選ぶことがポイントです。

たとえば賃貸併用住宅の場合なら、自分が住んで快適だと感じる場所が良いと思います。その他の物件でも、都内の城南地区の吹き抜けアパートであれば、人気駅から近い好立地であること。これが郊外型戸建てとなれば駅からの距離は問われません。

また、シェアハウスでは、より「強い」立地であることが安定収益の確保のためにも必要条件です。旅館も然りです。

地主さんや使っていない実家の活用など、すでに物件を持っている人が既存の不動産の有効利用するのであれば、そもそも選択肢はないので、できるものを最大限に活用した判断が求められます。


立地に関する注意点は、いくら安い土地でも、広い土地や大きすぎる物件は避けたほうが良いでしょう。なぜなら、想像以上に修繕費がかかるケースがあるからです。資金的に体力がある人以外は4世帯、もしくは6世帯程度の規模がおすすめです。


また、安い土地でライフラインがないと地獄を見る可能性があります。

以前、群馬県に坪1万円の土地をみんなで買ったのですが、ライフラインを200メートル引くのに1500万円かかるといわれました。特に水道と電気に関しては指定業者となり、相対的に高額となります。

土地選びの際は、最低でもライフラインが通っているかを事前に確認しておきましょう。

私の場合は奇跡的に建売業者が勝って開発することになり、傷は浅く済みましたが、これはおそらく幸運なケースといえます。


擁壁（ようへき）については、自分の土地よりも下の擁壁は、新しく建て替える際の確認申請時につくり直しをいわれる可能性があります。うまくすれば既存の擁壁のままで済む場合もありますが、下手をすると1000万円かかる場合もあります。

どうしても擁壁の物件を購入したいのであれば、あらかじめ建築士に依頼して、自治体の建築課まで聞きに行ってもらうのが良いでしょう。

以上を踏まえると、最も無難なのは、「住宅地」で「ライフライン」があり、「宅地（住宅地）」に建った物件となります。

ターゲット「エリア」ごとにしっかり見極める

入居者ターゲットは、エリアによって大きく異なります。
戸建てをはじめとしたファミリー物件は、基本的に賃貸付けに強いとされていますが、同じ戸建てでも一等地から郊外、新築から中古など様々あるため、ターゲットをしっかり定めて、ニーズを知る必要があります。

賃料もその地域により相場は変わりますが、郊外のファミリー向け戸建てであれば家賃7万円前後となります。これが、東京の戸建てになると30万円レベルも珍しくありません。つまり世帯収入でいえば、郊外であれば数百万円のファミリーが対象であり、都内の場合は1000万円以上がターゲットとなります。

ちなみに東京の30万円というのは、私の投資エリアの世田谷区や目黒区の事例で、より都心ではもっと高い家賃になります。私自身、世田谷区で28万円の戸建て賃貸に住んでいたことがあります。東京の戸建ての供給は非常に少ないので、高い家賃設定ができるのです。

地方や郊外の戸建ての注意点としては、家賃の価格帯が建売り住宅の住宅ローンの支払い額とバッティングしてしまう恐れがあることです。

一方、シングル向けであれば、1カ月4～6万円前後でシェアハウスに住むことができます。ワンルームを借りると6～10万円程度かかるため、割安で好立地に住めるとあって人気があります。

これが吹き抜けアパートであれば家賃は12万円程度となり、高収入の単身者もしくはカップル入居が見込めます。

旅館ではターゲットは外国人になります。私の提案する旅館はグループで利用できる広めのお部屋です。カップルならゆったり、4～5人の家族やグループがまるで別荘のように過ごせる旅館を提供しています。

建物「見えないところ」こそ、手を抜かない

建物はきちんと建てることは当たり前ですが、物はいわば基礎、柱や屋根など見えないところのほうがある意味とても重要です。クロスや天井や床に比べると、構造物を後から交換することはできません。見えない部分に手を抜くと、後から後悔することになるので注意しましょう。

たとえば、木造だと安普請のアパート専門業者の建てた物件です。「見た目にはわからないけれど、中身の質が悪い」物件がたくさんあります。

有名なアパート専門メーカーであっても「ドアのインターフォンが鳴ったら隣の部屋が反応する」「自分の部屋の目覚ましが鳴ったのかと思ったら、隣のベルだった」「カーテンを閉めているのに部屋が明るいと思ったら、壁から光

が射し込んでいる」「斜め下の階の会話が聞こえる」など、いろいろな〝伝説〟があります。

とあるアパート専門メーカーでは、界壁がないという欠陥が見つかり問題となりました。界壁とは各住戸の間を区切る壁のことで、防耐火性能や遮音性能が求められます。この界壁は部屋だけでなく、天井を貫通して屋根裏まで壁がなくてはいけないのです。これは建築基準法で定められています。

界壁がなければ、もしも火事になったときに火が回りやすいからです。また天井から忍び込んで隣の部屋の天井穴を開けてしまえば、上からのぞき見ができてしまうため、セキュリティ上でも必要です。

そのためアパートなどの特殊建築物では、必ず界壁をつくらなくてはいけません。ただし、これは手間とコストがかかります。このアパート専門メーカーはコストダウンをするために、あえて界壁をつくらなかったため社会問題化したのです。

「完了検査を受けていたのでは？」と疑問に思った人もいるかもしれませんが、完了検査ではあくまで図面通りに建築されているかを目視するだけです。壁を叩いて確認するケースもありますが、わからない場合もあります。そもそも天井の場合、点検口がないので確認することはできません。

昔の物件であれば、押し入れから天井へ上れる点検口や、床下を見るための点検口がありましたが、現在は「点検口は必ずしもつくらなくてよい」とされているので、ないケースが多いのです。

界壁については普通は必ず入っていると思うのでチェックはしないものです。そこを確信犯で知っていて施工していないのは最悪だといえるでしょう。

つまり、手を抜こうと思えば、本当に悪質な建築ができてしまいます。

もう一つ、劣悪な建物では「傷みやすい」という問題もあります。

材質がペラペラだったり、安い輸入材だと柱もシロアリが好むものもあり、きちんと薬品をつけておかないとシロアリの被害が起きてしまうこともあります。これは事例としては少ないものの、ひどいところはかなりひどいといえます。

また、最近では工務店が設計通りに建築しなかったことで裁判になっているケースもあります。

こうしたリスクを回避するためには、設計士は別に頼み施工管理をしてもらうのがポイントです。通常、設計士は施主の味方です。

ところが工務店の設計士は、工務店から給料をもらっていますから、工務店の味方になります。それは致し方ないことでもありますので、工務店とは別に頼むのがおすすめです。

経営戦略　はじめから「出口」までを見通しておく

不動産投資は、「投資」といいますが、実際には「投資」よりも「ビジネス」の側面が強いです。そのため、最初からしっかりと出口までを見通しておく必要があります。

このとき「出口」＝「売却」と考えてしまう人がいますが、子どもや孫に相続するという出口もあります。自分の生き方に応じて出口もさまざまなのです。

子どもに収益物件を残すことができれば、年金だけでは食べていくのが難しい今後の社会では、大いに助けとなるでしょう。

いまは子どもが小さくても定年を迎えるときになったら、ローンも完済して住居費もかからない物件が残り、生活を支える基盤になります。

45年前、実家のそばに住んでいる方（サラリーマン）が、工務店を営む私の父のもとへ「家を建てたい」と相談に訪れました。父は土地があるのだからと、賃貸併用住宅を勧めたのです。

その後、その家に家族で住みました。父親が亡くなり、お母さんは残ったのですが、長女がその介護をしました。お母さんが亡くなったあとは、年金と家賃収入で暮らしています。

長女は自営業ということで年金が少ないため、家賃収入に助けられているといいます。

家賃5万2000〜6万2000円で4部屋あります。最後に入居したのが10数年前。つまり、ずっと満室が続いているのです。私は参考までに部屋を見せてもらいたいのですが、見ることができません。

さらに長女は娘夫婦を呼んで、三世代の住居にしようと考えています。このような先々を考えることも立派な経営戦略といえるでしょう。

「不動産投資＝規模拡大」と考えている人も多いと思いますが、将来のことを考えず無計画に規模を拡大しすぎると、潰れることもあるかもしれません。

とくに数年前は融資が出やすかったので、そこで規模拡大をした人は多くいます。

私自身、ある銀行の融資に積極的な担当者から「白岩さんのところで数十億円出してもいいので、中古アパートでもなんでもいいから売ってください」と懇願されたことがあります。

きっと他の不動産会社にも同じように言っていたのでしょう。実際、大量のお客さんへ強引に物件を売ったあげく、今では残っていない会社は多くあります。

かつて複数の法人を立ち上げて、銀行を欺いて債務隠しをする「多法人スキーム」といわれる手法が流行っていた時期がありました。

この多法人スキームで規模を拡大した人のなかには、10社以上もの会社でそれぞれ物件を所有しているので、自分でも空室やリフォームの状況を正確に把握できなくなってしまったという話を聞きました。

私の経験からいえば、１００戸程度であれば十分に管理できると思いますが、サラリーマンなど本業で忙しいとその時間が取れないのかもしれません。

また、多法人スキームを行う投資家は、往々にして遠方の物件を購入するため、精神的な距離も感じやすいようです。そのため、自分の物件であっても、どこか他人事になってしまうのも良くないのかもしれません。

いずれにせよ、多法人スキームで法人をいくつも所有すると、毎月の会計・税務的な対応も大変ですし、決算時のコストも大きくなります。

他にも多法人スキームでよくあるのが「奥さんを社長にさせてしまっているため、離婚したくてもできない」というケースです。

これは奥さんにとっても連帯保証人になっているので財産の分与が難しいという側面があります。その辺りを考えずに、「とにかく規模拡大」と思考停止になってしまうと後悔することになります。

もっとも、多法人スキームで規模拡大した人のほとんどは、その借金額からすると驚くほど微々たるキャッシュフローしか得られていません。

そんな状態が30年、40年も続くと考えると、いったい何のために不動産投資をしているのかわからなくなるでしょう。

以前、私が相談を受けた人のなかに、可処分所得が60万円なのに、毎月のローン返済額が50万円になる一棟物件を買おうとしているサラリーマンがいましたが、さすがに無理でしょうと伝えました。

空室が続いたら相当の出費になりますし、原状回復のお金も貯められないからです。このように利益の出ない物件を買わされた人たちは、本当に地獄だと思います。

赤字が続き、毎月数十万円、数百万円ものローンを返済し続けるのはサラリーマンには不可能です。

一棟物件ではなくて区分マンションの場合も、サブリースを外されて空室になったら7万円、8万円の赤字になるわけで、それが複数続けばあっという間に致命的なダメージになります。それでも一棟よりはまだ対処の仕様があるといえるでしょう。

このように盲目的にお金を求めるようになると、目的と手段を取り違えてしまうことになりかねません。

「自分はお金を得て何をしたいのか」ということを曖昧にしたまま、「とりあえずお金持ちになりたい」と考えていると、いつしか後悔する羽目になるかもしれないのです。

だからこそ、私は身の丈に合った不動産投資をして、自分の望む出口に到達することを推奨しています。

コラム

夜逃げから自己破産、私がアパートの大家になるまで

振り返れば、幼少のころから建築の現場に関わっていました。

というのも私は世田谷の工務店の次男として生まれたからです。父は小学校を中退すると大工の修行をはじめ、昭和21年に道具箱と米5升だけ持って上京しました。

大手建設会社の下請けなどをしながら資金を貯め、やがて独立して注文住宅を専門とする工務店を興しました。

受注はせいぜい年間5～6棟程度、多いときでも10棟くらいでしたが、仕事が丁寧と評判だったようです。

一度建てた人から再度依頼を受けることが多く、受注が途切れたことがありませんでした。

そんな父を持つ私にとって建築現場は、格好の遊び場でした。父の仕事振りを見て育ったので、アパート投資に取り組むとき、自然と建物にこだわっていたのです。

株ですべてを失い、夜逃げ

現在は大家をしている私ですが、ずっと順風満帆な人生を歩んでいたわけではありません。私は借金地獄から生還した人間なのです。

原因は株の信用取引で失敗したことでした。学生のころの私は、ヨーロッパに留学して、そのまま移住するか、もしくは出版社に就職するか、それとも喫茶店を開くか・・・という若者らしい夢を持っていました。

ひとつに絞りきれないまま、結婚をきっかけに大学を中退することになり、母親から出資を受けて、世田谷区内で喫茶店を開業しました。

した。

念願の夢のひとつが叶って嬉しいと同時に、思うように売上が伸びず、商売の厳しさを実感する毎日でした。

そんななか、私の人生に大きな影響を与える出来事が起きました。店の常連客から株式投資をすすめられたのです。

「儲かるから、マスターもやってみないか?」

当時はバブル景気の真っ最中でした。浮かれ気分の世の中のムードもあって、なんの知識もないまま、株に手を出してしまったのです。

時代の後押しもあったのか、はじめたころは驚くほど利益が出ました。気が付けば本業の喫茶店の仕事も忘れて、株にのめり込んでいました。

しかし、バブル崩壊で風向きは一気に変わります。

気づいたときにはもう、後戻りできない状況・・・借金の額は、小さな喫茶店のマスターであった自分の支払能力を完全に超えていました。

儲けを出したのはほんのひととき、自転車操業から破綻へまっしぐらです。

店の売上を返済にまわしても足りず、親から譲り受けた財産を内緒で処分して借金返済にあてる日々。

結局、駆け落ち同然で一緒になった妻とは離婚。私の喫茶店は母に内緒で他人に譲りました。

大切なものをすべて失い、どうあがいてもそれを二度と取り戻すことはできないという、絶望と後悔が私を襲いました。

持っているものをすべて手放しても借金はなくならず、最後は置手紙をして、ワンボックスカーに荷物を積んで家を出ました。夜逃げです。

働けど働けど借金の返済に消える

夜逃げした私は、すぐに働くことができる仕事として、タクシーの運転手を考えました。

幸いタクシー会社に入社できたのですが、会社には寮がなく、アパートを借りる資金もありません。仕方ないので社内の仮眠所やワンボックスカーで睡眠をとりました。

働いても働いても、給料の大半は残った借金の返済に消えていき、手元に残るのは、わずか数万円しかありません。

一箱200円の煙草代すら捻出できないため、すっぱり禁煙しました。

借りた金を返すだけの人生を送る日々に絶望し、自殺も考えました。

しかし、生命保険はとうの昔に解約済みで、保険金は1円も出ません。むしろ命を絶っても親に迷惑をかけるだけなのです。

そんなときに見つけたのが「自己破産」について書かれた一冊の本でした。暗闇の中に光を見つけたような気持ちでした。

1990年の夏、弁護士を通じて破産宣告を行うと、これまで毎月のように届いていた金融会社からの督促の手紙がパタッと途絶えました。

「ああ、これで助かった・・・」この日の夜は本当に久しぶりに安心して眠ることができました。

このとき、私は「もう二度と自分の人生を危険に浸すような馬鹿なことはしない」と、心に誓いました。

そして、愚直にタクシー運転手を続けながら、何とか生活を立て直すことができました。

二度目の結婚をしたのもこのころです。彼女の家に結婚の挨拶に行くと、父親は有名な大病院の外科部長を務めている人でした。

バツイチのタクシー運転手である私を、義

父は黙って認めてくれましたが、ひとつだけ結婚の条件が出されました。

「実家との関係をきちんとすること」です。

散々迷惑をかけた親に合わせる顔はなく、「親に合うくらいなら、結婚を止めようか」とまで悩みましたが、結局、泣きながら謝り、許しを得ることができました。彼女とは無事に結婚することができました。

タクシー運転手がアパートの大家さんに

結婚後もタクシー会社には10年間しっかり勤務して、個人タクシーの資格をとりました。ところが、これから個人タクシーでバリバリ稼ごうかというときに、事態は急変しました。

2002年に突然、父が亡くなったのです。

静岡で生まれ、孤児から裸一貫で上京した父は後に独立し、世田谷で工務店を開業しました。母と二人三脚で手堅く事業を行い、信頼を得たおかげで工務店経営は順調でした。

借金嫌いの性格だったため、工務店としては珍しく運転資金はすべて自己資金で賄い、工場や倉庫、自宅まで無担保・無借金で経営していました。

突然やってきた父の死は、家族にも、そして多分、本人にとって予想外のことでした。

まったく準備をしていなかったため、相続争いや税務調査はあったものの、結果として私を含めた親族で父のアパートを引き継ぐことになりました。

そして、私はタクシードライバーを辞めて専業大家となりました。

生前、父の勧めで宅地建物取引主任者の資格を取得していたことも、意味があったのだと思いました。

こうして私が相続によって大家業をはじめてから、すでに15年以上が経ちます。

最初はアパート5棟、合計22室でした。

そのほかに神奈川県川崎市多摩区に、約89坪の資材置き場だった土地があり、姉と二人で相続し、そこにアパートを建てることになりました。

その翌年、私のホームタウンであり、若者が憧れる世田谷・目黒の好立地に、同じく33平米のカップル向けの吹き抜けアパートを新築しました。私が土地から探し出して、すべてをプランニングした物件です。

これまでにないオシャレで住みやすい新築アパートということで、相場より高い家賃にも関わらず、あっという間に満室になりました。

そこで、はじめて「地主でなくても新築アパートはできる！」と確信を持ちました。

不動産投資は サラリーマン大家でもできる！

大家仲間やセミナーなどで知り合った投資家に自身のアパートの話をしたところ、「ぜひ、建てたい」「新築アパートを学びたい」と多くの声をいただき、サラリーマン投資家を対象とした勉強会をスタートさせました。それが、２００５年のことです。

今でこそ、新築アパートは融資も付きやすく、手軽に購入できる初心者向けの不動産投資と位置付けられていますが、当時は「サラリーマンが都内、それも城南地域で新築アパートを持つのは、夢のまた夢・・・」そんな風に考えられていた時期です。

そして、私の仲間であるメンバーさんたちが次々と夢を実現しました。

私がはじめて手がけたアパートも、つくってから15年以上が経ちましたが、絶え間なく満室稼動を続けています。これは絶対の自信があり、今でも全く心配はありません。

ただし、景気とともに不動産価格が高騰しだしてからは、同じ手法を続けるのが難しくなりました。

とはいえ、私のこだわりは立地です。

それも「東京でも絶対的に需要のあるブランド立地で、アパート経営をすべき」という理念でやってきました。

これは理想論ではありません。一時期進出した北関東や静岡での教訓に基づいた結論です。

立地に妥協をせずに収支の合うアパート経営とは何かをつきつめたときに、閃いたアイディアが、賃貸併用住宅とシェアハウスでした。

とくに女性専用のシェアハウスでは、バッグひとつで簡単に引越しをする「新しい住まい方」に着目しました。ここでも立地が重要で、世田谷・目黒から、さらにより良い立地として渋谷へと進出していきました。

東京の誰もが憧れるエリアにあるシェアハウス。家具家電の揃ったオシャレな新築シェアにリーズナブルに住めるとあって、たちまち大人気となりました。

シェアハウスから民泊を経て「旅館アパート」へ

女性向けシェアハウスは時流に乗ったのですが、またたくまにライバルも増えていきます。

競争力では他にひけをとりませんが、ここ数年で都内の土地価格が上がり過ぎました。

そこで、私は新たなる投資戦略を模索していました。

そんなときに出会ったのが「民泊」です。

少子高齢化が急速に進み、日本中に空き家と空室が溢れるなか、外国人旅行客は増え続けています。

シェアハウスはバックひとつで引越す女性がターゲットですが、旅行者もバックひとつで数日の滞在をします。

外国人と考えると構えてしまうところもありますが、根本的なところでは同じです。良い場所に居心地の良い部屋を提供することが肝心なのです。

　詳しいところは本文に譲りますが、民泊を知ったときは「素晴らしいアイディアだ」と思いましたが、すぐに行き詰まりも感じました。

　というのも当時、法的整備まったくなされておらず無法状態だったのです。

　戦後の闇市のような混乱のなか、儲けに走る業者や民泊コンサルが多くいました。

　しかし、私はあえて正々堂々と看板を出して営業する「旅館アパート投資」を行うことを決意しました。

　アパートであっても宿であっても「大切なのは、いかに稼働させるか」です。

　またアパートであれば月々の家賃は固定ですが、宿であればオンシーズンもあればオフシーズンもあります。

　いってみれば旅館業ですから、ほったらかしで儲かる・・・なんてことはありません。もちろんクリアすべき法令もあり、それなりにコストもかかります。

　しかし、ある程度の障壁があるからこそ、そこに不動産投資としてのチャンスもあると考えています。

多くのコンサル・業者が消えていくなか、長く続けていきたい

　近況をお伝えすると、これまで私は不動産管理から始まり、大家だったのに宅建業を取り、現在に至ります。

　少し思い返すだけでも実にいろいろな出来事がありましたが、最近やっと今後やるべきことが見えてきました。それが本文で述べている「身の丈不動産投資」です。

　また不動産投資の世界には、自分の利益ばかりを追求した結果、一時的には話題になったものの今では姿を見なくなってしまった自称コンサルが数多くいました。

業者にしても、ずいぶんイケイケな雰囲気の会社が多くありましたが、融資が閉じた瞬間、影も形もなくなりました。

それを見て、私は「数十年先まで考えなければならない」と改めて強く思いました。

これは私がもともと工務店の息子だということが大きいのかもしれません。

工務店は建物をつくります。そのため、施主様とは1、2年で関係が終わるものではありません。建て替えも行っていたので、35年以上のお付き合いが続く方もいらっしゃいました。

当然、無理なものはつくらないし、売りません。

その気持ちが今でもずっと残っているため、私を信頼してくれた大家さんを絶対に裏切りません。

この考え方は、これまでのキャリアのなかで一度もブレたことがありませんし、今後も絶対に変わりません。断言できます。

第4章

各分野の専門家による
アフターコロナ
不動産投資戦略

デザイナー
Hiromi

◇profile
静岡県浜松市出身。主婦歴25年。3人の子供の母。15年間自宅で“花まゆ”という教室を主宰。お花との関わりにより、和のデザインやおもてなしの慣習を培う。また、インテリアにこだわりを持ち、マイホームのデザインを手がけたことをきっかけに、現在までに賃貸物件50棟以上のデザインに仕事として関わっている。著書に『ふわふわ主婦のインバウンド旋風で儲ける「おもてなし」不動産投資』（ごま書房新社）がある。
Hiromi/公式サイト　http://www.itagakihiromi.com/

白岩：洋服には、基本的な骨格をつくる「デザイナー」がいます。それと同じように建物の外から中までのトータルコーディネートを行うデザイナーもいます。外壁や建具、壁紙の色や素材、生活動線、照明などを考える役割をします。Hiromiさんには私のサポートする物件の多くを手掛けてもらっています。

Hiromi：デザインを考える際には、女性目線・主婦目線で考えられるのが強みです。男性設計士の場合だと、どうしても生活動線など弱い部分があるからです。

賃貸併用住宅の場合、オーナーさん自身も住むことになるため、希望や意見を汲み取り、それを現場に伝えます。

その際、「この色のバランスだったらこのほうがいいですよ」という全体のコーディネートに関する提案をすることもあります。

もちろんすべてお任せということであれば、すべてを自分たちで行います。ただし、賃貸併用住宅のようにオーナー自身が住むのであれば、オーナーさんの意見を聞いて、そのうえでベストな提案をしています。

白岩：オーナーさん側に立って考えていくところがポイントですね？

Hiromi：はい。そして、選択肢のなかで最もコストパフォーマンスが高いものを選ぶようにしています。工務店さんに少し無理を言って「どうしてもこれを使いたいんです」とお願いすることもあります。

このときにコスト削減をするためには、壁紙でもあまり必要のないところは「量産クロス」という低価格のものにして、目立つところはデザイン性の高いアクセントクロスを使うことです。

また、旅館やシェアハウスの場合、集客においてアパート以上に「見栄え」が大事です。アパートであればアクセントを使えば差別化できますが、旅館となるとデザイン面はそれなりに工夫が必要です。

とはいえ、今後はアパートも競争が激化していくことを考えると、アパートにおけるデザインの重要性はさらに高まるでしょう。これまで旅館のデザインを数多く手掛けて培った「写真映え」のノウハウを、今度はアパートでも生かそうと考えています。

白岩：たしかに「写真に映えること」が大切だと感じます。ある物件情報サイトのデータによると、部屋探しのほとんどは店舗ではなくスマホで行われているそうです。コロナの影響で、この流れはさらに加速するでしょう。

Hiromi：そうなると当然、スマホの画面で見ても魅力的に映る写真をどれだけ撮れるかがポイントになります。
とはいえ、アパートや戸建ての室内デザインは「シンプル」が基本です。これはシェアハウスと違って、家具などを持ち込むことが前提となっているため、アレンジできる余地を確保しておく必要があるからです。
ただ、外にはデザインの工夫を凝らします。これは他の物件も「お金がかかるから」という理由で手を抜きがちです。そのため差が出しやすいのです。

白岩：最も効果的なのが「外構アプローチ」です。ここに枕木を置くだけで印象がぐっと高まりますよね。

Hiromi：たとえば、「花を植える」だけでも印象は大きく変わります。それすら行っていない物件が大半なので、お金を掛けない工夫を考えます。

白岩：そうした工夫だけで、家賃で月5000～1万円上げられるケースもあります。

Hiromi：はい。また、水まわりも最近はさまざまな種類が出ているので、その中から使い勝手がよく、デザイン性の高いものをセレクトします。こちらも工務店さんには無理を言ってお願いしていますが、カウンタートップには人工大理石を使って高級感を演出しています。

お風呂はアパートだとどうしても小さくなりがちですが、アクセントパネルにすることでコストをそれほどかけずにデザイン性が上がります。


白岩：これまでアパートは「できるだけデザインにお金をかけない」ことが常識でした。

しかし、これからはその逆戦略を実行した人が勝つ時代です。これは「お金をかけるべき」と言いたいのではなく、「お金をかける以上に手をかけて、知恵と工夫で闘う」ということです。

物件のデザインが良くなると、客付け業者も間違いなく注目してくれるはずです。彼らも数字を追いかけており、そうした物件のほうがすぐに埋められるため、効率性の観点から有利だからです。

Hiromi：収納に関しては、設計士さんが基本的な部分は用意していますが、図面を見て少しでもデッドスペースがあれば、小さくても収納スペースを設けるようにしています。多少部屋が狭くなっても、収納スペースの多いほうが特に女性には高評価です。

コストダウンのために収納の建具を外して延床を広げるケースが都内の物件ではよくあります。例えば「20平米を謳いたいがために収納スペースをなくす」という発想です。

この場合、たしかに表向きの面積は大きくなるのですが、実際に物件を見ると収納に扉がなくて違和感を覚えます。貧乏くさくなりますし、服にほこりが被ってしまいます。そこは使い勝手を重視しますし、賃貸仲介の不動産会社さんの意見も重視します。

白岩：そうですね。地方物件の場合は、なおさら地元業者の意見に耳を傾けるべきです。

以前、私の物件で単身者向けだからと風呂をつけずにシャワーブースだけを設置したことがありました。地元の賃貸仲介会社からは「お風呂がないと入居がつかない」とアドバイスを受けましたが、こちらが押し切って部屋づくりをしてしまったのです。
結果は散々で空室が続いてしまいました。結局、後から風呂をつけて満室になったので、しっかりニーズを聞いて反映すべきだと反省しました。

Hiromi：私は、客付け業者さんの意見とオーナーさんの意見を調整して、物件に反映させるような仕事もしています。たとえば、オーナーさんが派手なデザインを要望されても、地域の特徴に合わないのであれば別の提案をすることもあります。
なかには本に書かれていたことを、そのまま実践しようとする人もいます。しかし、意外とそれが失敗するケースも多いのです。特に地方ではその傾向が強いといえます。

白岩：都会であればさまざまな人がいる。つまり入居候補者の分母が大きいため、誰かしら見つかる可能性があります。

しかし地方は分母の幅が小さいので、泥臭いと思われるかもしれませんが、地元業者の声を聞いてつくり込んだほうがより効果があります。そうして得た声に対して、細かな対応のできるデザイナーがいると完成度はより高まるといえます。

客付け担当
穴澤康弘

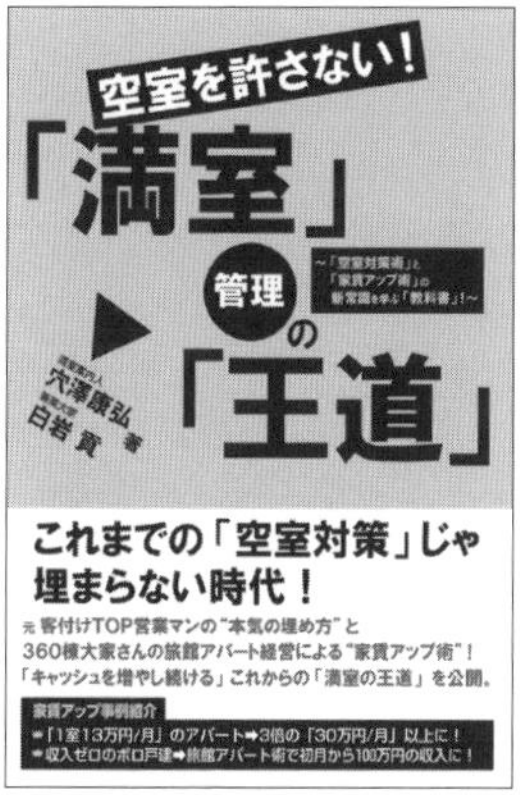
空室を許さない！
「満室」管理の「王道」
～「空室対策術」と「家賃アップ術」の新常識を学ぶ「教科書」！～
穴澤康弘
白岩貢 著
これまでの「空室対策」じゃ埋まらない時代！
元 客付けTOP営業マンの“本気の埋め方”と
360棟大家さんの旅館アパート経営による“家賃アップ術”！
「キャッシュを増やし続ける」これからの「満室の王道」を公開。
家賃アップ事例紹介
「1室13万円/月」のアパート➡3倍の「30万円/月」以上に！
収入ゼロのボロ戸建➡旅館アパート術で初月から100万円の収入に！

◇profile

過去2000室というアパートの入居営業の実績を持っている凄腕営業マン。家族全員が不動産関係の職という“賃貸サラブレッド”の家系に生まれ育つ。白岩の管理物件で穴澤君の営業守備範囲の物件はこの原稿を書いてる現時点では、100%となっており、オーナーからは「満室王子」の愛称で親しまれている。アパートの立地選定もアドバイス可能。著書に『空室を許さない！「満室」管理の「王道」』（ごま書房新社）。

「満室王子／穴澤康弘」公式HP　https://anazawayasuhiro.com/

白岩：新型コロナウイルスの影響で、賃貸物件の客付けはどうなりましたか？

穴澤：この春、全体的に入居率は下落しました。ただ、引っ越す予定だった人が取り止めもあったので、結果としてはプラスマイナスゼロという状況です。

管理会社のなかには休みを取っているところも多いのですが、私個人は休みなく営業しており、24時間いつでも対応できるようにしているので、そこで差が出ていると思います。

私の場合、マイソクに自分の携帯番号を載せているので、先日も夜10時くらいに「今から内見したいです」という連絡が来て、結果的にそのまま決まりました。

「お盆休みはありますか？」と業者やお客様に聞かれても、「電話はいつでも必ず出ます」と伝えています。そしてショートメールでも内見予約ができるようにしています。これはマイソクに「電話でもショートメールでもください」と書いているからです。

白岩：そこまでしている客付け営業は珍しいですね！

穴澤：そうですね。また私が行っている工夫として、募集のスピードが異常に速いことです。「退去したいんですが・・・」という連絡が来た日に募集情報を飛ばしています。これにより、退去前の段階で先行申込が入る可能性が上がります。

大手の管理会社では、先行申込みは「内見していなければ、申込みを受け付けません」と断る場合や「先行契約」といって内見なしで契約をするケースもあります。もちろんこれでは決まりません。しかし私は仲介の経験もありますが、先行申込は非常に有難いものです。お客様を押えておきたいので、とにかくつなぎ留めるために申し込みを入れたいのです。

白岩：なるほど。

穴澤：実際、先行申込をした人は、そのまま決まるケースが大半です。これはもちろん、物件が良いからです。

基本的には先行申込を実施しておらず、一部の実施している管理会社でも、私ほど緩く行っているところはまずないと思います。

ですから、私のもとに来る業者もほぼ決まっています。先方からすればADもくれるし、現地対応だし、先行受付もあって家賃交渉も積極的に受けてくれるからです。家賃交渉については事前にオーナーさんへ「いくらまでなら値引きはOKか」ということを確認しています。

賃貸仲介店の営業マンからすると、その日に結論を出さないとお客様に逃げられてしまうので、価格交渉についても営業材料として持っておくのです。ただしオーナーさんからは「キャンセルさせないでよ」と言われたりもします。

白岩：たしかにその日のうちに申込みまでもっていくスピード感は大切ですね。

穴澤：売買仲介と違い、賃貸仲介を取り扱う不動産会社はとにかく数が多いの

で、その瞬間に決まらなかったら他の物件に行かれてしまいます。だからこそ電話やショートメールはいつでも受け付けて、1回のチャンスを逃さないようにしているのです。

白岩：なるほど。説得力があります！

穴澤：また、賃貸の仲介業者によって強いエリアがあります。私の管理物件だと、田園都市線に強い仲介業者がいるので、「空き予定が出たら、まず電話して紹介してください」と言うとすぐ動いてくれます。
こうしたエリアごとに客付けの強い賃貸仲介会社と関係を持てると、特段あいさつに行かなくても電話だけで覚えてもらうことができます。

白岩：地場の強い客付け会社と組んで満室化の仕組みができあがっているということですね！

アベノミクス経済から続いた、ここ数年の不動産投資ブームでは「収益物件を購入する」ことばかりにフォーカスされ、「物件を埋める」ことがおざなりにされてきました。

その結果、30年近く続くローン返済の「最初の数年」で赤字収入になる大家さんが急増してきています。

一方、空室対策についての情報が溢れるほどあるなかで、何が正しく効果があるのかがわからなくなっています。

そこでここからは、「満室王子」こと穴澤がよく目にする、大家さんがやってしまいがちな、間違った空室対策側をフォーカスしてご紹介したいと思います。

以下の①〜⑤は、よく管理会社から提案される空室対策ですが、令和のコロナ禍まっただ中の現場にいる私からいわせてもらえば、時間とお金のムダづかいの対策がほとんどです。空室対策も時代と共に刻一刻と変化しています。

ぜひここで一度、再確認してみてください。

■ NGな空室対策① 中途半端なリフォーム

「やってはいけない空室対策」の最たる例は、「中途半端なリフォーム」です。例えば、和室を洋室に変えるとしましょう。6畳間だったら畳を剥がしてフローリングにするために10万円程度かかります。

ここまでなら普通は行うのですが、それ以外の費用を抑えるため、押入れの引き戸をクローゼットにある扉に変えることはせず、そのままにしているケースが多いです。

ただ、ここにお金をかけないと見た目に違和感が出てしまいます。フローリングの洋室といっても古びた押し入れが残っていれば、もともと和室だったことは誰が見てもわかってしまいます。

若い世代の中には、そもそも和室を知らない人もいます。数万円程度であれば、部屋の統一感を出すためにもお金をかけた方が良いでしょう。

加えて言えば、和室を洋室にリフォームしても、キッチンが古くてボロボロであれば、やはりイメージが悪いです。一部がピカピカになった分、古い部分が悪目立ちしてしまいます。

部屋をすべてリフォームして設備もすべて交換となれば、高額な費用がかかりますが、そこのバランスを考えながらも、部屋が与える印象をしっかり考えましょう。

ボロボロのキッチンであれば、システムキッチンは高いですが、探せばガスコンロ設置可タイプのものが4～5万円で見つかります。

ほかにもキッチンをキレイに見せる方法としては、キッチンはそのままで水栓を交換して、扉にダイノックシート（壁やドアなどに貼る化粧フィルムの一種）を貼って、扉の取っ手を交換するやり方もあります。

既存のキッチンを活かすのか、新しいものに交換するのかは、キッチンの状態や予算にもよりますが、ボロボロのままにしておくのは良くありません。

■NGな空室対策②　こだわりすぎた原状回復

そもそも「リフォーム」には種類があり、修繕・原状回復・バリューアップに分かれます。

【リフォームの種類】

・修繕・・・小規模修繕であれば壊れた箇所を直したり取り替えたりします。大規模修繕であれば、建物のメンテナンスとして屋上防水、外壁塗装など大がかりな工事をします。
・原状回復・・・入居者が住んで使用した部屋を元の状態に戻す工事です。
・バリューアップ・・・「入居率を上げる」「家賃を上げる」ことを目的に、元の状態より良くします。

簡単に言えば、修繕は「直す」、原状回復は「元に戻す」、バリューアップは「良くする」ということです。

ありがちな失敗は、その区別を曖昧にして、「とにかく原状回復だけしていればいい」と思い込んでいるケースです。とくに古い物件に関しては、現状の設備にこだわりすぎるのはよくありません。

以前、古くなったバランス釜を交換するときに、また新しいバランス釜を入れようとした大家さんがいました。

たしかに入退去時には「原状回復」を行いますが、あまりに古くてニーズがない設備を「原状回復」したところで意味はありません。

私はユニットにしたほうがいいとアドバイスし、合わせてタイルを替えることも提案しました。

予算的には20万円ほど変わってしまうのですが、先々のことを考えたら投資すべきだと伝えました。今の時代にそぐわない物件で、数カ月も空室になったら、そのほうが収支が悪くなるからです。

ただし、大家さんの事情として、洋室・キッチン・お風呂などすべての部屋・設備でリフォームをしようとすると高額なコストがかかってしまいます。だからこそ二の足を踏んでしまうわけです。

前述したとおり、どこにお金をかけるべきかは判断が本当に難しいものです。例えば、東京なら百万円単位のコストをかければ、家賃が1万円上がることもあるでしょう。

しかし地方の場合、3000円どころか1000円も上がらない可能性があります。費用対効果の面では、エリアや需給バランスによって大きく差があるわけです。

だからこそ、その地域のニーズ、費用対効果をしっかり考えてリフォームを行う必要があります。とはいえ、実際に現場に案内したときの印象から考えて、「決まる部屋」にすることも大切です。

私からの提案としては、部屋の印象が左右されるポイントは特に意識することです。ドアや引き戸などの建具の交換はお金がかかりますが、替えれば部屋の印象は一新されます。

そこまでコストがかけられないのであれば、現在では定番となった部屋の壁の1面だけをデザイン性のあるクロスにする「アクセントクロス」がおすすめです。

もちろん床がボロボロなのに、クロスだけが新品。さらにアクセントクロスにしているのはバランスが悪いので、そこは床も新しくして木部があれば塗装して、そのうえでアクセントクロスを使えば、部屋の印象はぐんとアップします。

ただ、私が見ている限り、こうした話を理解できる大家さんは少ないですし、反応もよくありません。しっかりと信頼関係を築けていれば、管理会社さんに言ってもらったりもします。もしくは近所の大家さんの手法を参考にすることもあるでしょう。

しかし、これが田舎だと、提案してくれる管理会社もないかもしれませんし、近所に大家さんがいなければライバル物件を自分で調べなければなりません。

いずれにせよ、部屋の内覧があったとき、少しでも印象が良くなるようなポイントを作っていくことが大切です。

くれぐれも、漠然とした中途半端なリフォームをするのはやめて「部屋のバランスを考えた」かつ「費用対効果のある」「何年で回収するか」を考えたリフォームを心がけましょう。また見落としている大家さんが多くみられますが、国または都道府県・市町村でもリフォームに対する補助金の制度や減税その他優遇制度もあります。使えるものは全て使い負担を減らす事も大切です。

■NGな空室対策③　居室のみに注力して他を見ない

室内についていえば、入退去があったときに管理会社から連絡があり、原状回復の見積もりが送られてきます。その際に「和室を洋室にしましょう」など次回に向けた提案があるものです。

特に築年数が経過した物件を所有している大家さんは、「部屋は退去のままにしておいて、次の入居が決まったら修繕しよう」と考えがちです。そうではなく、入居者を迎え入れるために、1日でも早くリフォームするのが最低限必要なことです。

しかし、そこで抜け落ちがちなのは共有部です。マンションであればエントランス。アパートであれば共有廊下や階段。そのほか、ポストまわりやゴミの集積所・駐輪場・駐車場などもしっかりチェックしてください。

部屋ばかりに注力して、そうした共有部を見逃している大家さんは意外に多いものです。

ここはとくに豪華にする必要はありません。物件のスペックに見合ったものが好ましいですが、まずは「清潔であること」「しっかり管理されていること」を確認しましょう。

ポストからチラシが溢れていないか、ゴミ集積所ではマナーが守られているか。地方でありがちなのは、駐車場が雑草だらけになって、古いタイヤや粗大ゴミが放置されている。駐輪場に使っていないボロボロの自転車が放置されているなどです。

雑草駆除や粗大ゴミの廃棄は料金がかかってしまうものですが、ここは必要経費と考えましょう。

近場であれば大家さんが定期的に巡回するのが良いでしょう、遠方の場合は管理会社か定期清掃を委託している会社にお願いして、共有部の写真を撮って送ってもらいます。

また、部屋の中での注意点は、主要採光面の「窓」です。窓の中でも最も気を付けるべきは「バルコニー側」です。主要採光面の窓は、お客さんが日当りを確認するため必ず開けます。

そのとき、特に1階の部屋に起こりがちなのですが、窓ぎりぎりまで植木があったり、雑草が生い茂っている場合、虫が入ってきそうという理由から、決まる確率が大きく下がります。

その場合、営業マンによっては、「シャッターが壊れていますね」などと言ってうまくかわして開けないことも多いですが、いずれはバレてしまってクレームや早期退去につながります。

この場合、植栽の剪定ができないのであれば、根本から切ってほしいところです。植物の生命力は強いので、少し放置しておくだけでも、あっという間に悲惨な状況になります。

また、これが大家さんの敷地でなく、隣地の場合はしっかり交渉して枝を切ってもらうか、こちらで切らせてもらう許可をとりましょう。

私が営業マンだった時、どうしても決めたい物件だったら、管理会社にすぐその場で電話をして、切ることができるか確認をしていました。

■NGな空室対策④　大家意識が強すぎる部屋

最近は大家さん自らが空室対策を行っているケースが多いです。

「ステージング」といわれる部屋を新築の分譲マンションのようにモデルルームにすること。また「ウェルカムバスケット」といって、入居者へのプレゼントを部屋の中に置いたり、部屋のアピールポイントをPOPにして貼っています。

これはお客さん目線だと喜んでもらえますが、現場の営業マンから見ると、そこまで重視していません。もちろん、無いよりあったほうが部屋を印象付けやすいですが、ウェルカムバスケットがあるから決まる確率が高まるわけではないと思っています。

こうした大家さんの気配りは、やってはいけないということではありません。むしろ、やるのはいいのですが、そこまでのリターンはないかもしれない・・・という程度です。例えば、内見用にキレイなスリッパがきちんと並べてあれば、特に女性に対しては「きちんと管理されている」という印象を与えられるでしょう。しかし、家賃が見合わないと思われたら決まりません。

また、この際に気をつけてほしいのはスリッパの管理です。メルマガにも書いたのですが、スリッパは100円ショップで購入したものをずっと使っていてはいけません。

一度使っただけでも汚れるので、定期的に新調すべきです。

こうした大家さんの空室対策のなかで、やってはいけないのは「大家からの手紙」と「ＰＯＰ」です。

これも、みんながみんなＮＧということではなく、「大家からの手紙」も女性大家さんがフラワーアレンジメントを置いて、手書きのメッセージを添えておくのは効果的なアピールだと思います。

しかし、同じことを中高年の男性が行っても、入居者から見れば（とくに単身向け物件の場合）、大家さんとの距離が近すぎることはネガティブな要素と思われます。大家さんとの距離感があればあるほど良いでしょう。

ＰＯＰについていえば、手書きの文字は距離が近く感じられて苦手な入居者もいますし、物理的な問題で時間が経つと粘着力が落ちます。また、色あせてしまいます。床に色あせたゴミ（ＰＯＰ）が落ちているのは、いかにも空室がずっと続いている印象を持たせて逆効果です。

あとはクリスマスやハロウィンなど季節に合わせて部屋を飾り付けて、クリスマスが終わったあともツリーがそのままという場合も印象が悪いです。

もちろん営業マンとしても、そのような印象を抱かせないように、内見の時は注意していますが、きちんと管理できないのであれば、貼ってほしくないと感じてしまいます。

予算や労力の問題もありますが、私の意見としては、空室対策をやるならトコトンすべきだと考えています。つまり、ウェルカムバスケットやスリッパを置くのはいいのですが、使いまわして汚れていたり埃が被っていたら逆効果になってしまうのです。

中途半端な空室対策をすると、大家さんが思っている以上に印象が悪くなりますので気を付けてください。徹底的にできないのであれば無理をせず、とにかく清潔感を大事にすることです。

■NGな空室対策⑤ 入居者ばかりを見て不動産業者に配慮がない

空室対策をいくらがんばっていても、それが入居希望者だけに向いていると、さまざまなことが円滑にいかないケースがあります。

とくに「管理会社に空室を埋めてくださいと言いながら鍵が現地にない」ということも挙げられます。これは、実は多く見受けられるケースです。

その理由は、自主管理にして現地に鍵を置いてしまうと、トラブルが発生したときのリスクがあるため、また「抜き行為」が発生するのではないかと思われるためです。

抜き行為とは、簡単に言うと他の業者がお願いしている不動産屋を経由せずに大家さんと直接契約する行為です（自主管理の場合のみ）。

悪いことではないのですが、部屋ごとに異なる業者ですと契約書の書式や手続きの仕方など業者によって様々あります。やり方が違う分、後にトラブルになることもあります。管理する自信がなければ安請け合いはしない方が良いでしょう。

この場合、大家さんが近所に住んでいることが多いのですが、入居者が決まりそうになると、業者が「今こういうお客さんがいて、もう決めたいと言っているのですが、直接やらせてもらえないですか」と言います。

そうすれば、自分の都合に沿った契約の手続きや交渉ができるようになるので時間の効率が上がります。

また現実には、キーボックスが壊れたのに放置されていたり、窓が開けっぱなしだったりするケースもあります。客付業者が案内したのち、いい加減に鍵を取り扱って紛失してしまった例もあります。

こうしたトラブルを回避するため、近隣にある客付け会社に鍵を預ける大家さんが結構数いるのです。


ただ、それでも鍵を現場に置くべきです。客付けは時間との闘いなので、鍵を借りて、部屋を案内して、鍵を戻すという作業は非効率ですし、行こうと思ったときに管理会社に連絡がつかなかったら、大損になってしまいます。

ここだけの話ですが、お客様に紹介する前に管理会社へお部屋の空き確認を電話で行うのですが、必ず「鍵は現地対応ですか?」と質問します。もし「鍵取り」と言われた瞬間、積極的に紹介はしない方向に話をもっていきます。

私は管理する側の仕事をしておりますが、毎回鍵の所在は現地にあるか聞かれます。それほど内見時に鍵が現地にあるのかは大事なポイントだと考えられます。

昔だったら仲介業者のもとを入居候補者が訪れて相談し、複数の物件を内見して決めるという流れでしたが、今はインターネットで検索してピンポイントで来店します。

そのとき、問い合わせ物件に対する反応が芳しくなかったら、条件に近い物件を紹介するわけです。ですので、その段階で候補から外れてしまうのは、あまりにもったいないと思います。

いかがだったでしょうか。

もしご自身の所有物件で該当する項目がありましたら、いますぐ改善していってください。

また私の著書**『空室を許さない！「満室」管理の「王道」』（ごま書房新社）**や、**ブログ（anazawayasuhiro.com/）**でも満室のテクニックをご紹介していますので、よろしければご参照ください。

設計士

古仲 暁

◇profile

10年前に世田谷区の土地に吹き抜け型アパートの設計を依頼したのが始まりで、その後、時代の変化と共に白岩と一緒に企画したシェアハウス、賃貸併用住宅、旅館アパート。そして今回、身の丈不動産投資向け郊外型アパートの企画を一緒にやってくれている。土地開発から住宅、アパートまで何でも出来る叩き上げの最も信頼できる実践型設計士。

白岩：私の父は工務店を営んでいたこともあり、しっかりとした建物をつくることに重きをおいています。昨年、発覚した大手アパートメーカーの欠陥住宅事件など、絶対起こってはならないと考えています。

古仲：建築確認などの完了検査では、基本は目視でどこをチェックするのかは決まっていて、それ以外はチェックしません。窓の大きさも測りませんし、天井裏を見ることはありません。界壁については壁を叩くとわかるのですが、それをしない検査官もいます。

白岩：では、実際に設計図通りできているのかチェックするのは・・・。

古仲：そういった部分は設計士が任されています。

白岩：設計士は責任重大ですね！　ここで改めて設計士の仕事を解説いただけますか。

【設計士の仕事】

1. 現地調査
2. プランニング
3. 施主への計画説明、施工費の調整
4. 建築確認申請
5. 確認済取得
6. 着工後、近隣説明（安全な状態ではないブロック塀が共有している場合が多く、撤去の説明など）
7. 設計監理（工程と図面通りに施工されるかの監理）
8. 工事完成後、完了検査
9. 引き渡し

古仲：建築士の業務は施主の要望を図にし、実現すること。検査機関に申請し、合格したもので建物をつくります。それから図面の通り施工されているか、現場を定期的に見に行ってチェックをします。図面をよく見ないでつくる職人さんもいますし、昔ながらの職人さんが自分のやり方でやってしまうケースも多いです。後戻りができるタイミングで、ちょこちょこ顔をだしてチェックしていくのが大切です。

界壁はもちろん、ダクトが指示通りに付いているか、換気扇の位置がちがうなど、図面とのずれや材料がちゃんと指定されたものが使われているか。とくに、あとで隠れてしまうところは念入りに確認します。

白岩：そうなると、ハウスメーカーに勤務している設計士など内政化していたら、不備があっても言いにくいですよね。ハウスメーカーやアパートメーカーであれば、設計士は会社の利益を追求せざるを得ないでしょう。

古仲：はい。できれば工務店と設計士は別々に依頼して、設計士が第三者になるのが理想的ですね。工務店からすれば設計士は煙たい存在ですが、それくらいの立場でないと指摘はできません。

白岩：それはそうですよね。

古仲：その他、設計士が見れば、その土地はお金がかかるのがわかります。いわゆるリスク要因が判断できるのです。たとえば、隣がぴったり隣接して建っているのであれば、クレームが想定できるので、あらかじめ窓の目隠しの費用を見込んでおくなどができます。

また、地名でも判断できますが、街を歩いてみて道路に傾斜があれば、地盤が緩そうな地域であることがわかります。


施工にしても、木造で陸屋根はパッと見の見栄えはいいけれど、必要でない限りやめたほうが無難です。雨漏りは致命傷になりますから、トップライトも誰が掃除するのかという問題と、雨漏りしやすいので必要がなければ避けたほうがよいでしょう。

また最近は照明でダウンライトに人気がありますが、防音の観点から賃貸では埋め込みダウンライトはおすすめしません。やはり、天井界壁に穴を開けると音が漏れやすくなります。吹き抜けアパートならロフトの下、界壁でない部分にダウンライトをつけるのがいいでしょう。

遮音を考えるとコンセントの位置も隣とは同じ場所にせず、少しずらすのがコツです。

白岩：参考になります。あと予定されていた工期がずれている場合はどのようにしますか？

古仲：工程の通り進んでいない場合、施工者にまず遅れている理由を確認します。

職人の手配や天候などを報告しない現場監督もいるので、理由がわかったら、その工期の遅れをどう取り戻していくかを相談し、遅れが生じる場合は施主に報告します。

白岩：かなり実務的なことも行っているのですね。設計士を自分で探す場合は、どうやって探したらいいのでしょうか？

古仲：私の場合はほとんどが紹介です。先輩大家さん、勉強会などで評判の良い人にお願いするのがいいと思います。くれぐれも「芸術家」を選ばないようしてくださいね。

芸術家型の設計士だと人が住む家であることに重きを置かず、「自分の作品」にしてしまいます。作品がほしい場合は別ですが。

白岩：私たちがつくっているのは収益物件で、美術館や博物館ではありません。私もお付き合いしたことがありますが、有名な先生ほど良いということはなく、やはり「住まいづくり」の視点がないといけませんね。本日は貴重なお話ありがとうございました。

工務店

渡辺一成

◇profile

㈱河野建築デザイン代表取締役。38期二代目社長。東京生まれ。父親が営む工務店で育ち、三人の叔父も各々工務店を経営する建築家一族。「社団法人国際モルタル造形協会」「社団法人日本建築アート協会」を設立・運営をしている。「リフォームマジックコンテスト」大賞受賞。

『河野建築デザイン』HP　http://kawano-d.com/

白岩：私の父は工務店を営んでいましたが、渡辺さんも同様で、お父様ばかりか親戚も工務店という工務店一族の出身です。本日はよろしくお願いいたします。

渡辺：お願いします。

白岩：いきなりトラブルの話で恐縮ですが、実績のある工務店に発注したにも関わらず、工期を守ってもらえなかったという話をよく聞きます。その理由は、下請けの職人さんたちのスケジュール管理ができていないからでしょうか。

渡辺：一口に工務店といっても建設会社に近い規模の会社から、一人親方が法人になったような会社までさまざまです。

工期もそうですが、図面通りにつくるのは当たり前なのですが、そうしたことすらできない工務店は意外に多くいるのです。

白岩：私はこれまで380棟の新築にかかわっています。天候などで工期が若干遅れることはともかく、大幅に遅れて困ったケースもありました。賃貸物件ですと繁忙期がありますから、そこに間に合わないとなると大問題です。その点、渡辺さんは工期をしっかり守ってくださるので本当に助かっています。

渡辺：自分の目が届かない範囲でビジネスをしたくないので、年間棟数を絞っていることが一番の理由です。

白岩：特に今年は、ニュースでも「新型コロナウイルスの影響で材料が入らない」などと報道されていましたが、渡辺さんの現場はとくに混乱もなくスムーズでしたね。それはどうしてですか？

渡辺：仕入れができなかった業者のほとんどは、問屋さんも1社しか付き合いがないところです。当時、「水廻りの設備が入らない」という情報が問屋さんからすぐに入ってきました。そこで私は今ある在庫を押さえてもらうようお願いしたのです。

このように私の会社では、さまざまなネットワークがありますし、問屋さんも複数社と付き合いがあります。電気屋さんでも何でも1社に限定した付き合いはしません。そのため、今回のようなイレギュラーな状況でもダメージはとくになかったのです。

白岩：工期の遅れなど問題のある工務店であっても、「そこの社長が悪質」「手抜き工事をしている」と限らないが工務店選びの難しさです。

前述した大幅に工期の遅れた工務店も第一印象が良かったです。見学させてもらった現場もきちんとしていました。

結局のところ、たまたま見学のタイミングで現場管理をしていた職人さんが良かったという話だったようです。現場ごとに大工さんは違うので、私がサポートする現場の大工さんとはまったく違う印象を受けました。

渡辺：これは自社に職人がいるか下請けでお願いするかの違いですが、下請けであっても職人との信頼関係を築けていれば、そこまでのトラブルは起きません。
あとはマイホームを建てる業者によくあるのですが、「あれを付けませんか？」「これは必要ですから」と工事を上乗せしていくケースもあります。最初は安いのに、あとから一つひとつ高くしていき、最終的には高額な請求をしてきます。

白岩：私も聞いたことがあります。TVCMをしているような有名なローコストの住宅メーカーで、トイレのグレードアップ工事に50万円を請求されたそうです。
とにかく基本の仕様がひどくて追加工事を頼まざるを得なくなって、結局は相場並みになってしまった・・・という話です。

渡辺：施主の意見を無視して押し売りをしてくるわけではないのですが、気づくと予算オーバーになってしまったという話は聞きますね。とくにマイホームと収益物件では「コスト」に対する考え方を変えなくていけません。


白岩：そうですね。オーナーの無知につけこんで、こうした建築費の上乗せをする工務店にも気をつけたほうがいいと思います。

「良いものをつくろう」という姿勢は歓迎しますが、そこにどれだけ予算をかけられるのかの問題もあります。

そこまでを考えてくれる工務店というのは理想的ですが、なかなかいませんん。前述したように、工務店のなかには実績もあるのにきちんと建てられない会社も多くありますし、一体どのように工務店を選んだらいいのでしょうか・・・。

ちなみに私の場合、工務店を見極める際には、事務所や現場を見せてもらうのを一つの基準としています。もし掃除もできていない汚い状態であれば論外でしょう。

渡辺：たしかに、きちんと管理された事務所や現場であることは大切だと思います。また、設立してどれくらいなのかも一つのポイントです。最低でも業歴は20年ほしいところです。一般的に「10年続く会社は6％」といわれています。さらに15年、20年になると会社が残る可能性はかなり低くなります。

きっちり仕事をしなくては、長きにわたって顧客や取引先からも信頼を得ることは難しいですから、まずはそういった会社を選びましょう。

白岩：あと関心があるところでいうと価格ですね。価格の適正はさまざまですが、「安かろう悪かろう」は基本的に当てはまるといえます。

渡辺：皆さん、坪単価を基準にされるケースが多いですが、坪単価も会社によって考え方が異なるので注意が必要です。その坪単価はどのように計算しているのか、何が含まれているのかを確認してください。

また、多くの人が勘違いされがちですが、「大手だから安心」ということはありません。むしろ「大手のほうがひどい」という話をよく耳にします。ときどきハウスメーカーで「1000万円で家が建ちます！」というプランがありますが、これは本当に安価なものを使っており、しかも材料を何も選ぶことはできません。

とあるローコスト系のハウスメーカーの下請けをしている工務店さんは、あまりに施工内容がひどくて仕事を受けなかったと言っていました。ベランダの手すりの上に「笠木」というものを付けるのですが、昔は薄い金属のトタンが主流だったものの、今ではアルミが当たり前になっています。それが、あえて耐久性の低いトタンで施工するという指示だったらしいです。トタンはアルミに比べて安いからというのが理由です。

他にも大手のリフォーム会社による「新築同様のリノベーション」も、単価が決められているため、それ以上のことは何もできません。

古いユニットバスを壊したところ、土台が腐っていたとしても、余計なことを言って作業が増えるとその分赤字になるため、見て見ぬ振りをして塞いでしまうそうです。

工務店には、適正な金額をきちんと払うべきです。そうしないと、しっかりとした建物が建ちません。

白岩：同感です。見積もりで一番安いところへ頼んだら、会社が火の車だった・・・ということはよくあります。

「劣悪でもいい」と思えば安く済みます。しかし、収益物件は資産であり、費用を惜しんで建築すれば耐久性が低く、資産としても低くなってしまいます。

アパートでよくあるのは、安い分だけ遮音性が低くなり、結果クレームとして返ってきます。だからなおさら、ちゃんとした業者を選ぶ必要があります。

続いてデザイン系の話です。渡辺さんの会社では、デザイン性に優れた外構を手掛けられていますね。

渡辺：はい。「モルタル造形」という技法を取り入れています。テーマパークで見るような中世ヨーロッパの古い建物を再現したり、古い石積みを再現する技法で、それを住宅に応用することで物件に付加価値をつけていきます。

時代を問わず、人は石、木、鉄など自然の中にある物やその空間を好む傾向があります。この技法を取り入れることで、価格の高い天然素材のコストを軽減しつつ、ナチュラルな雰囲気を再現できます。

白岩：工務店の職人さんと聞けば、中高年の方をイメージされる人もいるかもしれません。しかし実際は、アート関係の職人さんは若い人が多いようですね！　職人さんも多様化していて驚きました。

渡辺：そうですね。若くて意欲のある職人さんもたくさんいますよ。２００９年に「国際モルタル造形協会」を設立し、テーマパーク造形専門の職人さんや若いアーティストの育成にも力を入れています。

私の会社では、そんな造形専門の職人さんらと直接つながっているので、安価に外構のトータルデザインを考えた提案が可能です。

白岩：それは楽しみですね！

渡辺：物件価値を高めるためには、この先何十年経っても変わらず心惹かれる雰囲気や、住み心地の良さが重要になっていくことでしょう。そこには時を超えたモルタル造形の手法が適しており、いつまでも住む人に心地よさを与えるような空間を創っていきたいと思います。

白岩：本当にその通りですね。本日はありがとうございました。

税理士
浅野和治

◇profile

浅野税務会計事務所所長。2002年に私の父親が急死して、まったく準備ができていないのにも関わらず相続争いが発生。そのときに相続税の納税と相続争いを、同時進行で作戦参謀になってくれた相続に強い税理士。税理士事務所の所在地が富裕層の多い地域である自由が丘であるため、相続案件の事案は相当数になるので的確なアドバイスをしてもらえる。

『浅野税務会計事務所』HP　http://www.asanokaikei.com/

白岩：最近の法改正で相続税対策の変更はありませんか？

浅野：不動産の相続税対策に、「小規模宅地の特例」があります。小規模宅地等の特例とは、一定の要件を満たすと土地の相続税評価額を最大80％減額できる制度です。

この、小規模宅地の特例の要件は平成31年度（２０１９年）の税制改正によって変わりました。簡単にいうと、３年以内に買った物件は評価の対象外となったのです。

それまでは、たとえば亡くなる直前に、中央区の銀座にビルを買ったとすると一気に相続税評価額を圧縮できたのですが、それが使えなくなってしまったわけです。

白岩：それは大きい話ですね！

浅野：ただし、これは事業として運営している人たちは対象外になっています。

具体的にいうと、相続開始前の3年以内に貸付を開始した不動産は対象から除外されるのですが、事業的規模（5棟以上所有し、安定経営をしている場合）で貸付を行っている場合は対象外です。

白岩：なるほど。事業規模であれば使えるのですね？

浅野　そうです。この改正によって、不動産による相続税対策が打ちにくくなったのは間違いありません。
また、地方の地主が都心部にアパートを建てるといった、資産の組み換えも引っかかる可能性があります。ただ、こちらも事業的規模であれば問題ありません。とはいえ、これから締め付けが厳しくなる可能性も十分にありますので、事業的規模の人であっても早めに実行に移しましょう。
なお、すでに所有している居住用の不動産の活用に関してはその対象ではありません。たとえば、両親が住んでいる自宅に使っていない部屋があったとして、その部屋を賃貸や旅館として貸し出したとしても事業用の不動産とはカウントされません。

そもそも小規模宅地の特例をとれるのは自宅用なのか、事業用なのかの2択になります。このとき一般的には、居住用を取りたいわけですが、そのためには外に出ている子どもが賃貸暮らしでないといけません。特例をあげると親の所有しているマンションの一室に住むのは認められないのです。

ですから、この家なき子の規定が使えない人たちにとっては、貸家に持っていくほうが相続税対策になります。

白岩：旅館を使った節税方法はありますか？

浅野：あります。ただし旅館の場合は、「旅館法の適応を受ける旅館、簡易宿所」、「国家戦略特別区域法に基づく旅館業法の、特例制度を活用した民泊（特区民泊）」「住宅宿泊事業法による民泊（民泊新法）」の3つに分かれます。事業所得になるか、それとも雑所得になるかで扱いが変わってくるのですが、民泊新法は非常にグレーゾーンで一般的には雑所得になります。ただし複数の部屋を運営していれば事業になりますが、自宅の1～2室を貸しているくらいだと雑所得になります。

白岩：雑所得では節税対策ができないのですか？

浅野：雑所得になると事業として認められないため、貸家建付地などの評価減もできませんし、小規模宅地の特例も適用されません。したがって、これは落とし穴といえます。

この場合、賃貸ではないので貸家としての評価減もなくなってしまい、相続税評価減のメリットは何も取れません。

白岩：雑所得である限り、相続税対策にはならないということですね？

浅野：はい。これが旅館業法の認可をとって旅館主になれば、事業となるので小規模宅地の400平米が使えます。

ところが自分が旅館法を取得しないで、運営会社に旅館業の許可の取得までを任せてしまった場合だと、今度は不動産所得になるので200平米の貸家になります。

ですから自分で旅館の許可を取得して運営するのが、節税対策として最も効果が大きいといえるのです。自分の名義で旅館の許可をとったあとに、別の会社へ管理運営を委託するのは問題ありません。

白岩：結局のところ、事業をしているのが誰なのかという問題なのですね！

浅野：その通りです。正確にいうと、旅館業では事業所得で計算するので、一気に相続税評価額が8割減になるのです。

つまり、田舎の5000坪を代官山の100坪にして旅館をつくったら、8割減になるということです。相続が終わったら売るのも自由です。

自分で許可を取るのがベストではありますが、それが難しいなら運営会社に許可を取ってもらって丸投げをすると、貸家建付の200平米になり、その場合だと評価減は5割になります。

小規模宅地の特例の400平米に関しては、旅館業や小売店なら適用されるのですが、アパートは普通の貸付事業用であり、事業として認められていないので適用されません。

税法では、さまざまな意味での「事業」が出てきます。「事業的規模」というときの「事業」とは、あくまで不動産所得を計算するうえで使われる言葉です。税法上の「事業」とは、自分が汗水流してお金を稼いでいることを指します。

ですから、不動産所得に対しては小規模宅地の特例は適用されないのです。

なお、400平米の相続税評価額8割カットの規定は、「400平米8割カット」と「居住用の330平米8割カット」の両方が使えます。

例えば、100坪の自宅があれば、これに対して居住用の特例が使えますし、さらに400平米の旅館を起こせば730平米まで8割カットになるわけです。

ですから、何十億円も土地を持っている人であれば、都心の一等地に差し替えることで730平米までの相続税評価額を8割減にできるという、とてつもない相続税対策になります。

昔は最高400平米だったのですが、突然5、6年前の税制改正で400平米と330平米の両方とも使えるようになりました。

白岩：それはいいですね！

浅野：ベストパターンは、地方の地主さんが東京に引っ越すことです。このときに所有している土地はすべて、もしくは大半を売却し、100坪の自宅を買いましょう。

自宅は二世帯同居がおすすめです。同時に、旅館を130坪程度で起こし、そこに資金を全て投入しましょう。こうすることで730平米すべての相続税評価額が8割減になります。

とはいえ、地主さんで自分の土地をすべて売って、都心に来られる人はかなり少数だと思います。以前、田園調布の地主さんから相談を受けたので、「田園調布の家を売って、麻布や六本木などの土地を買えばいいじゃないですか」とアドバイスしたのですが、それはできないということでした。もし自宅を手放すのが難しいのであれば、400平米の旅館業だけで実施する方法もあります。これでも10億円の土地を買ったら8億円のオフになるので、かなりおすすめです。
相続した不動産は非相続人が亡くなった日から10カ月は売ることができませんが、それ以降なら自由に売れます。都心の土地であれば、そのときには値上がりしている可能性も十分あります。

白岩：なるほど。知識のあるなしで随分変わりますね。本日はありがとうございました。

第5章

初心者が知っておきたい！
堅実にお金を殖やすための
「賃貸経営の新常識」

ローンならお得という甘い罠の実情

私が相続ではなく、自分で不動産投資ローンを金融機関から調達してアパートを新築してから、もうすぐ20年になります。

その当時は「長いローンを組みたくない」と考えて、返済はきつくても20年の期間で契約しました。

現在、そのローンの残りもあと少しとなり、ほっとしています。

これが35年ローンで入居者の見込めない良くない立地にあれば、まだまだ終わりが見えず、かなりの確率で返済前にこちらの人生が終了してしまう可能性があります。

こうした不動産ローンの考え方は今でこそ当たり前ではありますが、少し前までは異端でした。

というのも、数年前の不動産投資セミナーでは、「最大限の融資を最長の期間で借りるのが美徳」と言われた時期もありました。さすがに最近は金融機関も厳しくなり、このような融資の仕方はほとんど見られなくなりました。

しかし、過去に多額のローンを長期間借りてしまった方は大勢います。皆さん、かなり苦労をされているようです。

今でこそ「身の丈以上の不動産投資はリスクが高い」と提唱する私に対して、賛同される方も増えてきましたが、ほんの数年前は「規模拡大こそが正義」「大きく借金をしてハイレバレッジをかける＝儲かる」というような考えが主流だったのです。

私が不動産投資を始めてから20年足らずで、世の中はこれだけの変化が起こりました。

これから30年、35年のローン返済が待っていると考えるとどのような未来が待っているのか？

とくに大規模な物件を5億円や10億円でフルローンに近い状態で買ってしまった方は要注意かもしれません。今から何かしらの手を打たないと安心できないのではないでしょうか。

せめて、利回りが20％超えであればまだ空室が出たり、賃料が20％下がったりしても何とかなるかもしれません。しかし中古物件で利回り10％前後のフルローン、オーバーローンは厳しくなる可能性が高いでしょう。冬の時代、いや厳冬の時代が間違いなく到来します。

家賃下落は「今そこにある」危機

では、既に物件をフルローンやオーバーローンで買ってしまった大家さんで、空室や家賃下落に悩んでいる方はどうすればいいのでしょうか。

じつは私にも稼働率が悪い困った物件が、栃木県に1棟あります。

今まで何も努力しないでいたら、「空室は出る」「賃料は下がる」「近隣に客付けパワーのある業者はいない」とドンドン悪化し本当に困っています。

一方で静岡の物件は幸いにも客付け力のある不動産業者さんがいてくれて、本当に助かっています。

また、栃木県の別の市にある4棟の戸建て賃貸は1棟を実需であるマイホームとして売れまして、残り3棟の方はおかげさまで満室です。これは、戸建て賃貸のパワーに助けてもらっています。


私の経験からいえば、「普通のアパート」は危険です。駐車場なども付いていて当たり前で、それでも賃料は下がってきています。

栃木の困った物件にしても特別なコンセプトはありませんが、いたって普通(建物の質でいえば、普通以上です)で、1世帯2台の駐車場付いていますし、住宅設備も最新とはいえませんが、必要なものがすべて備えられています。

では、なぜ家賃を下げないと入居が付かないのか。

というのも地方の入居者の可処分所得は明らかに下がっているからです。車の維持費や下がったとはいえ携帯電話の支払いなどやはり固定費は掛かりますので、住居費にしわ寄せが来ています。

さらに悪いことに不動産融資ローンをアベノミクスの異次元の金融緩和で地銀が出しすぎて、物件の過当競争が起こってしまいました。

この時期に新築された住宅やアパートやマンションは、もとは9割が更地であると言われていました。

10軒建てたら9軒が更地に新築です。建て替えではないのです。

これは何を意味するかというと古い物件を壊さず、農地転用などをして空き地に新築を建てまくったということです。

その物件が悪いわけではなくても、まわりにライバルが増えすぎれば需給バランスは崩れます。

さらには今年に入ってのコロナショックを受けて、今後入居者の暮らしがひっ迫することが予測されます。

とにかく、大家が死にものぐるいでやるべきは、強力な客付け会社を探すこと。何よりも力を入れるべきところはここです。

探して、探して、探しまくりましょう。

私も栃木で探したいと思っているのですが、完全に後回しになっており反省をしています。

内見に来た入居者が勝手に決めてくれる「決め物件」をつくる

当たり前ですが、大家さんにとって賃料を得ることが一番大事です。そのためには何よりも空室対策が最も重要となります。

不動産投資で物件を新たに所有するなら、入居付けを意識した立地、建物、客付け業者や管理会社を考えながら物件を選んでください。

私は2002年から企画して2004年には「アパート投資の王道」という今の「身の丈不動産勉強会」の前身となる勉強会を始めて、敷地延長長屋式吹き抜け型共同住宅をかなりの数を新築しました。

年数が経って物件の所在地の人口が多い割には、入居がサクサクと決まらない・・・とは思っていましたが、それは杞憂だったのが分かりました。

結局、人任せというか、当時の元付けの会社に頼り切ってしまったのが敗因かもしれません。


原則的な話になりますが、大家さんの初心者からベテランまで、マンション、アパート、戸建て、もちろんワンルームなど全ての賃貸オーナーにとっての収入はまずは賃料が入ることです、空室なら何が何でも空室対策が重要です。

普通の不動産投資セミナーに行ってもここはわかりません、業者さんが当て物件、決め物件などを大家さんには教えてくれませんから。


まずは、入居付けに強い営業マンを探すことです。もしくは客付けに強い不動産客付け会社を諦めずに見つけることです。

さらに何度も言いますが、大家にとって、元付けの管理会社と客付け専門会社はまったくの別物です。

元付けの管理会社は物件全体を管理することを主としており、「客付け＝入居募集」も業務の一環ではありますが、それがメインではありません。

一方、客付け専門会社は「入居募集に特化した会社」です。

私のケースでいえば、それまで頼んでいた不動産業者（元付けの管理会社）も段々と変質してきて、客付け会社からの評判があまりにも悪くなってしまったのです。

そこで、知り合いのツテで紹介されたのは満室王子こと、穴澤君です。

彼に客付けを依頼したところ、これだけ年月の経ったアパートが前よりも空室から入居までの期間が短くなりました。それも圧倒的な空室から入居までの期間短縮となっています。

そういた客付け力のある営業マンは全国に必ずいます。あなたの満室王子を探してみてください。

もう一つは物件力です。内見に来た入居者が勝手に決めてくれる「決め物件」をつくりましょう。

最近、私は吹き抜け型アパートを見直してきています。15年も16年も経つのにすぐ入居者が決まるのです。それも木造なのに12万円前後になり賃料も下がらないのです。

もちろん、これは立地の良いところにあるのも事実ですが、それだけではないパワーもあると思っています。

頭金がある程度ある方であれば、これらの立地で敷地延長吹き抜けアパートを新築して、頭金が少ない方には郊外で立地が少々悪くなっても、内見にインパクト与える物件をつくりましょう。

その場合は土地が安いので、賃料6万円程度を維持できる物件を企画することをおすすめします。

入居者さんが内見に来た際、どれだけ心を掴む物件ができるかを考えましょう。

築古だからといってまったくハンデにはならない

物件力についていえば、物件の古さは関係ありません。

私の所有物件に築50年を超える築古物件があります。これは私の父から相続した木造2階建てのアパートです。賃料も普通に取れて、今もキッチリと稼いでくれている優等生です。

このアパートの勝利の要因は何なのか私なりに分析してみました。

以前は2階が3部屋で1階は事務所兼作業場みたいな感じで、1階は格安で26万円で貸していましたが、その会社が退去したので姪ファミリーが住むことになり、大工でもあった義兄が気合の入ったリノベーションをしてお洒落な内装となりました。

これは木造軸組のすごさでして、リフォームやリノベーションは鉄筋コンクリート造やプレハブみたいな壁工法とも違い、柱と筋交いを自由に変えて耐震補強するだけで、本当に自由自在に間取りを変えることができます。

住居部分は93平米あり、また一部ロフトもあるので、実質100平米越えです。とても快適な家になっていて、隣接している緑の多い公園と相まって最高の住環境となっています。

しっかり者の姪は1部屋をいつでも民泊ができるように準備していまして、コロナ禍が終息してまた外国人旅行者が来るのを手ぐすね引いて待っています。

さて、2階の3部屋のアパートは1部屋31平米の1LDKとなっていますが、キッチンは広めなので単身かカップルの生活にはとても向いています。

賃料は9万5000円と2002年よりは1万円下げましたが、築50年ですから、そこは仕方ありません。

いずれにしても躯体がしっかりしていると築50年の古さは感じさせません。ましてや亡き父の工務店で余った外壁を張っており、なんちゃって築浅に見えます。

さて、なぜこのアパートが今も稼げる木造アパートなのか？

それはまず、大工出身である父親が、木造軸組み住宅を日本の伝統からの技術で、当たり前のことを当たり前にして建築したからです。

その当たり前は何かというと「基礎をきちんとつくり、柱をきちんと立て、屋根をきちんと葺く」ということをしただけです。

その次に、何よりも世田谷区で桜新町の駅から徒歩10分前後という好立地で、緑の多い公園にも隣接していて環境が抜群であるということです。

まさに先を見据えた企画力です。

50年前にはどんな木造アパートがあったのか想像してみてください。当時、東京で世田谷区といえば、どんな物件であっても入居者が来る状態でした。

他の大家さんはどんなアパートをつくっていたのかというと、トイレはあっても風呂はない、下手をしたらトイレも共同というアパートなど普通に新築していました。


これは、目先を考えたら理にかなっています。部屋数を多くすれば儲かりますから。そんな中で父親はあえて31平米の2DKを新築しました。

目先はガツガツ稼げなくても長期間の安定した入居と賃料が目指せます。実際に2002年に私が今のライフスタイルに合わせて、2DKから1LDKにフルリフォームしたのです。

今のライフスタイルに合わせてフルリフォームと言っても既に20年前のことですが・・・。それからあっという間に20年経ちましたが、本当に入居は困りません。

初心者が知っておきたい！　堅実にお金を殖やすための「賃貸経営の新常識」

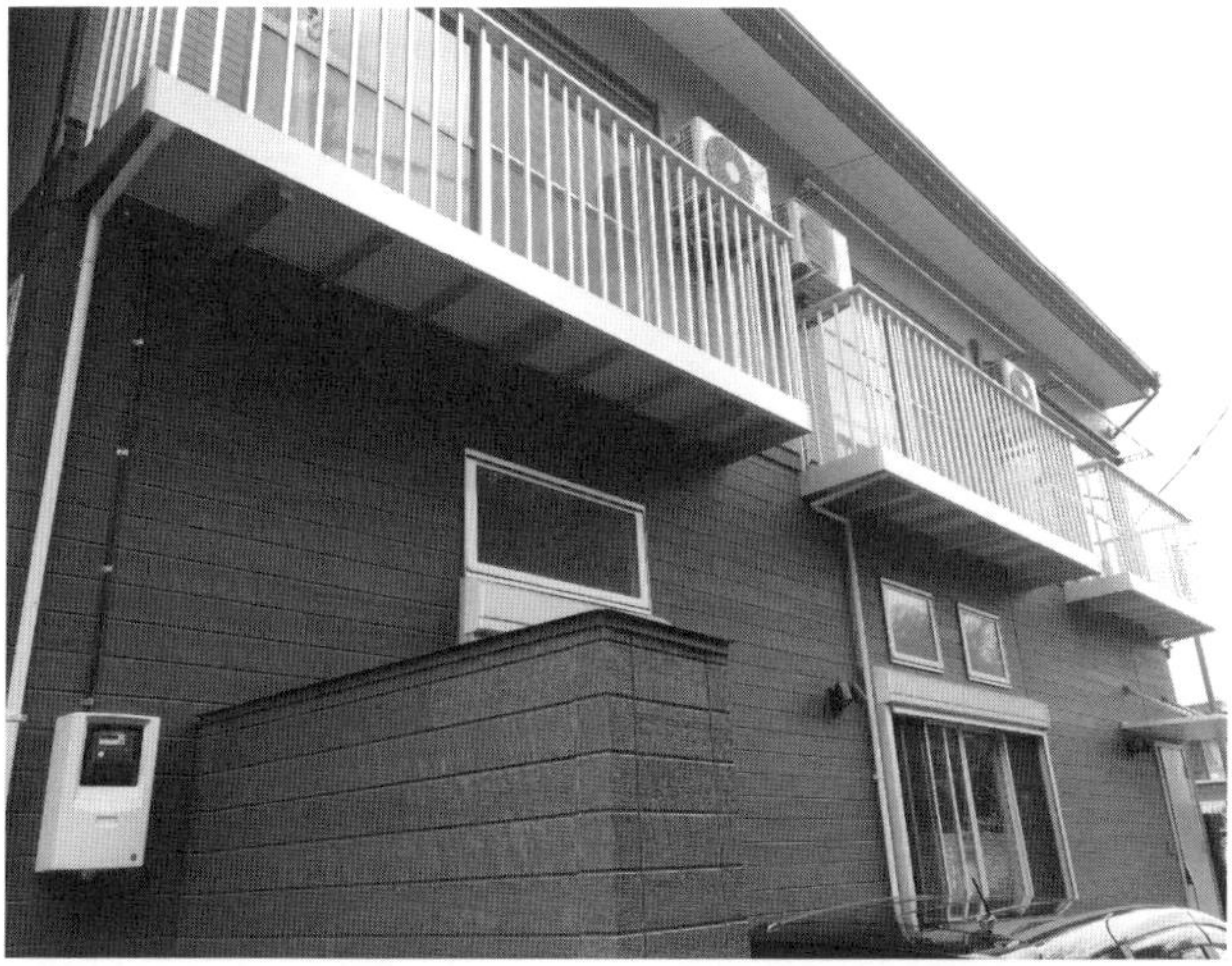

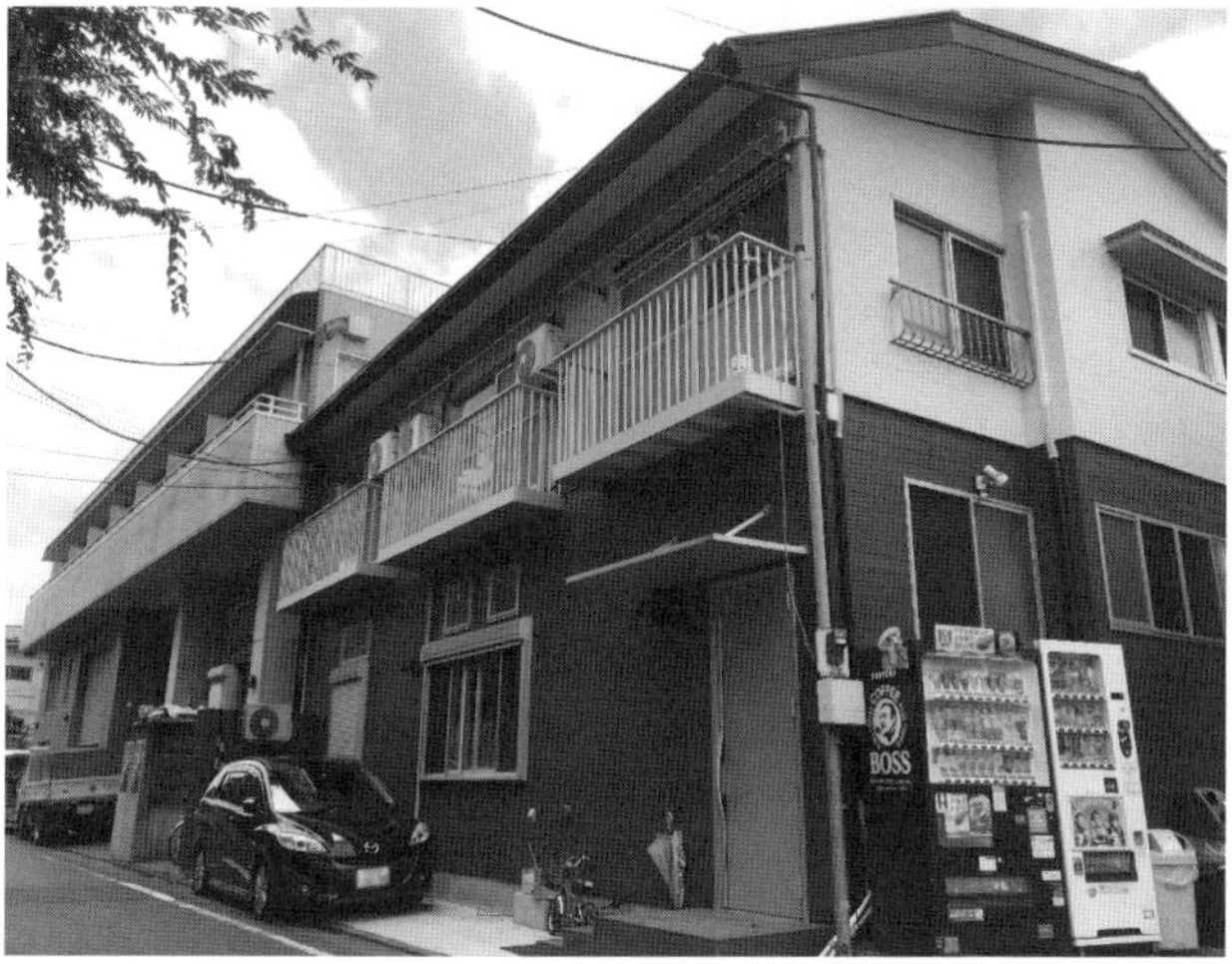

私の持論です。不動産投資、アパート投資は長期間のマラソンです。短距離走で「勝った！　勝った！」と喜んでも意味がありません。

店内が客でごった返している「客付け」会社こそ優秀

さて、話を戻して強い客付け会社の探し方をお伝えします。

私は2002年に父親が急死してから、長男夫婦vs母＋姉＋私の相続争いが本格的に起きる前に、父親の残したアパートの入居付けを担当していました。当時は何の知識も経験もなく、とにかく必死で入居付けしました。

空室が出ると10万円前後の機会損失になるのはわかっていましたが、どのように不動産会社を見つけるのか、その探し方や付き合い方を知りませんでした。

一生懸命に自分自身で考え試行錯誤したなかで、何となく経験値も上がり自主管理大家として自立できました。

そもそも入居募集を行う客付け会社はたくさんあります。一見、同じような会社が多いなか、どう選ぶべきか考えてみました。

当時はまだスーモなど賃貸のポータルサイトが余り発達していなくて、不動産業者さんが「レインズ」（不動産業者間のネットワークシステム）を通して賃貸募集の情報をシェアして、入居者はプリントをしてマイソク（物件資料）を見るのが普通でした。

それぞれの不動産屋のサイトに美味しい物件が掲載されていて、その部屋を見たいと希望すると、「既に申し込みが入ってしまったので、他の部屋を見ましょう」など、当時は宅建業法違反を気にしないような営業がまかり通る牧歌的な時代でした。

自分の物件は世田谷区の駒沢にありまして、客付け会社を地元の駒沢大学駅、桜新町駅、三軒茶屋駅まで広範囲に探しましたが、当時の物件数では「渋谷のターミナル駅までは必要ないだろう」と考えていました。

後に28部屋同時竣工の際は、普通に渋谷のターミナル駅もまわりました。こちらのエピソードについては、次項で紹介させてください。

どうやって客付け会社を探したのか。これは私がやっていた手法で、今でも参考になると思います。

具体的には、土日に客付け会社を定点観測するのです。入居希望者は勤め人が多いので、土日に内見や契約があります。

店内が客でごった返している。営業マンが案内に出たり入ったりしているような店は、私の経験上、本当に入居付けが早いです。

そういう店はポータルサイトに広告費もガンガンつぎ込んでいて、良い意味で営業マンはイケイケです。

空室が埋まりにくいときは、ぜひ定点観測して、入居付けをすぐしてくれる客付け会社を探してみてください。

28部屋同時客付けで満室にできた「客付け」の秘策

もう少し、私の過去の話にお付き合いください。

神奈川県川崎市の18世帯のアパートを新築するにあたって地鎮祭を行おうと準備していたところ、町会長から「挨拶も無しに工事をするのか！」という筋の通らないクレームがありました。

その結果、工事が一旦中断。地下を掘るための重機の手配や仮枠大工の手配などが遅れ大幅にスケジュールが変更になりました。

そして、後から着工した世田谷・桜新町の吹き抜けアパートの工程が追い付いてしまい、いきなり2棟28部屋の同時竣工となり、客付けにはとても苦労しました。

【今でもスタイリッシュな印象の川崎の新築アパート】

【20年ほど前に世田谷・桜新町に新築した吹き抜けアパート】

これが今であればどうってことはないのですが、20年前の私の人生は大学在学中から珈琲専門店を経営して、株式投資に手を出し信用取引で大失敗。その後、夜逃げしてタクシー運転手になって、個人タクシーの免許は取りましたが、不動産投資とは縁もゆかりもなく呑気にしていました。

個人タクシーの免許を取得した年に、宅建士の試験も受かったのですが、その宅建業の知識はあくまで教科書のなかの話です。

実際に不動産会社の役割、元付けや客付け、地元の管理会社とターミナル駅にある客付け会社など、知る由もありませんでした。

入居が決まらないまま、2棟で2億円超のアパート融資の返済がいよいよ始まります。

さらに悪いことに本章の導入で書いたように、アパートローンを長期で組むべきではないと考えて、返済期間を20年としました。

これは30年ローンに比べて月々の返済負担が多くなり、この同時竣工はかなり心臓に悪い状態になりました。

「とにかく、満室にする、それも最短で！」

本当にあれこれ考えました。当然、川崎と世田谷のそれぞれの物件近くの不動産会社には大家とし営業に行きましたが、新築の物件なので皆さん対応は良いのですが、専任になりたがるのです。

専任というのは、正式には「専任媒介契約」のことで、貸主が他の宅建業者に重複して依頼できない契約です。ただし、依頼者は自分で借主を探すことはできます。

これは当たり前のことで、結局は専任を取れれば優位になれるうえ、直客を取れば広告費と仲介料ダブルで入ります。本来、賃貸でも売買でも不動産会社は、大家さん側と入居者さん側（売買は売主と買主）に分かれるのが一般的です。

大家さん側の不動産会社がレインズに物件を掲載すると、入居者さん側の不動産会社が連絡し、物件を確認します。そして入居者候補がいると案内に連れて行きます。

専任になれば、これをすべて独占できるのです。普通は仲介手数料が借主側、貸主側に「分かれ」るため、「片手」(借主、貸主どちらか片方)になりますが、両手(借主、貸主の両方)の仲介手数料が得られるため売上が伸びます。ましてや営業マンは歩合ですから、両手のメリットは大きいのです。

とにかく、私は客付けをしてくれる不動産業者を増やす努力をしました。最終的にはターミナル駅である渋谷や新宿の客付け会社に行きました。

これは実際にターミナル客付けの営業マンに聞いたのですが、渋谷で探す人は何となく渋谷に出やすければ良くて、明確に住む地域を決めていないのです。ですから、「営業トークでそこまで連れていき決めてしまう」と言っていました。

たしかに10世帯の世田谷の新築時の入居半分以上が渋谷の客付け会社からの契約でした。

対する川崎の物件も小田急線で一本だと思って、これまた新宿駅のターミナルの客付け会社作戦を実行しましたが、新宿からは遠すぎて、あえなく玉砕しました。

川崎は地場の不動産会社に客付けパワーがあったのが幸いしました。

そんなこんなで20年近く経って、今でも普通にお付き合させてもらっています。

最初の不動産会社探しは、ローン返済が待ったなしということもあり、本当に大変ではありましたが、大家として大きな経験値になりました。

今は穴澤君に頼んですぐに埋めてもらっていますが、自分の足で必死に客付けをした過去があるからこそ、どんな客付け会社がいいのか、また強い客付け営業マンを味方にできることのありがたみがわかります。

肝に銘じるべきは、「不動産投資は空気に部屋を貸してはいけない。人に貸して家賃を得る」ということです。そのための努力を大家は惜しんではいけません。

終章

アフターコロナ時代に勝つための備え

コロナショックと大家の関係

コロナウイルスによる経済的ダメージがホテルや旅館、観光、飲食だけに及んで、不動産賃貸業には関係ないと考えている大家さんは多いと思いますが、リーマンショックのときでさえ、アパートの家賃が払えなくなる入居者が続出しました。

当時、家賃保証会社も数社倒産したくらいです。今回のコロナウイルス禍は規模と範囲ではリーマンショックどころでないと思います。

既に私が所有している川崎のアパートで賃料が払えなくなり、「待って欲しい」という入居者が現れました。さらにもう一人退去したいと通知がありました。私のアパートに住む前に居た実家へ戻ることになっています。

数年前まで主流だったオーバーローン、フルローンで買ったアパートで、このような退去者や滞納者が続出したらかなりきつくなります。

店舗の家賃は政府が保証すべきという話が出て、自粛要請による休業や短縮営業などの影響で売上が減少した事業者の地代・家賃を補助する「家賃支援給付金」の支給がはじまり、自宅アパートの家賃を支給する「住居確保給付金」の制度もできました。しかし、あくまで一過性のものであり、将来的にずっと支えるものではありません。

身の丈に合った不動産投資というのは、こんなときに威力を発揮するのは間違いないと考えます。

厳しい状況に追い込まれてこそ、大切なものがはっきりと見えてきます。

とにかく物事はシンプルに考えるべきで、複雑に考えすぎてしまえば、背負わなくてもいいリスクまで背負い、目指していた道からはどんどん外れてしまう結果となります。

相続に備える必要性

身の丈不動産投資では、その人に合わせた不動産投資を行うことをすすめていますが、相続財産のある人については、より早めに準備しておきましょう。

一口に相続対策と言っても、その時々のの状況で全く違うことになりますし、事前に父親や母親が理解、協力してくれるかによって本当に変わってきます。

また虎視眈々と領土を越境し、攻撃準備をしている兄弟や、もしくは兄弟の配偶者に一人でもいると厄介なことになります。

その際は日本の自衛隊のように、専守防衛に徹しているだけでよいのか？

それとも、こちらから仕掛けて敵基地を先制攻撃したほうがよいのか？

そのタイミングや状況によって人それぞれだと思っています。

さらに厄介なのが第一次相続（父親が先に鬼籍に入る）、第二次相続（配偶者控除を受けた母親が鬼籍に入る）と2回に分かれて相続税を払ったり分割協議をする場合です。

当然、第二次相続にも分割協議書が必要となり、相続税も納税しなければなりません。もしも、第一次相続で兄弟とその配偶者に先制攻撃をされた場合は、第二次相続でどの様に応戦すべきかという問題もあります。

なお遺産分割協議では、すべての相続人が参加して、どう遺産をわけるかの相談を行わなければなりません。そして、その結果を書面にまとめる必要があります。それを分割協議書といいます。この協議書がなければ、遺産を分割して相続することができません。

ここで、ひとつ覚えていただきたいのは、遺言を公正証書にしておけば不動産の登記ができます。そうすると名義が変更されてアパートを相続することができます。

つまり、もめている親族と分割協議の話し合いをしている最中でも、しっかり家賃を受け取れるのです。話し合いが長引けば長引くほど、その間にキャッシュフローが貯まっていきます。

この際の注意点は、「遺言書を必ず、公正証書遺言で作成する」ということです。

遺言書には「自筆証書遺言」「公正証書遺言」「秘密証書遺言」の3種類があり、一般的に遺言書と聞いて思いう浮かべるのは、遺言者が自分で作成する「自筆証書遺言」だと思います。

公正証書遺言とは、遺言書を公正証書にして公証人役場に保管してもらう遺言書で、遺言者が公証人に遺言内容を説明したものを、公証人が書面化して読み聞かせ、遺言者と証人がその書面が正確であることを確認してから署名・押印をします。こうした手続きを経て、ようやく公証人が署名・押印します。

作成の際に費用（遺言の目的となる財産の価額に応じて法令で手数料が定められている）がかかることにくわえ、証人2人の立会いが必要となり手間もかかります。

手続きの内容を書き出すだけで面倒に感じますが、遺言書の原本は、公証役場に保管されるため、遺言書を破棄されたり、内容を改ざんされたりする恐れがありません。また、自筆遺言書で必要となる家庭裁判所での検認手続きが不要となります。

相続財産で不動産といった分けにくい資産がある場合は、この公正証書遺言書を作成しておくことを強くおすすめします。

我が家では第二次相続は、姉＋私 VS 兄夫婦という戦いの再燃を当然予測していましたので、事前にあれこれ手は打っていて、分割協議書は今の今まで一切書いていないのです。

相続というのは、普通の税理士だけでなく、相続税の経験がある税理士であれば、そこそこ相続税対応はやってくれます。しかし、ちょっと教科書的過ぎて物足りなく感じることも多いです。

税理士に相談すると数字は強いのですが、そこにある親の歴史や親の残してくれた尊い現金や不動産などはさておき、あくまで数字の感覚なのです。これは、ある意味しょうがないとは思いますが、相続を受ける方としては、しょうがないではすまされないのも事実です。

だからといって銀行や信託銀行に相談すると、これまた自分の勤め先の銀行や信託銀行へ有利な様にあれこれ誘導しようとします。

お勤め先は立派なのですが、どうしても感覚がサラリーマンさんなのです。職務に忠実であることは理解できますが、「このお金がどういうものなのか本当に分かってるの？」とツッコミを入れたくなります。


さらにやってはいけないのは、アパート専門メーカーやハウスメーカーの相続税相談会や、不動産業者の不動産投資セミナーなどに行って相談することです。

ここの答えは簡単で「とにかく借金して相続税を減らしましょう。こんな凄いマンションを建てましょう！」と洗脳されてしまいます。

この少子高齢化にも関わらずに、とにかく新築で規模の大きなマンションやアパートを巨額の借金をさせて建てさせます。

これを鵜呑みにすると、相続発生前に相続税の心配どころか、ローン返済の心配が出てきます。

もしも30年一括借り上げの提案を受けたら、契約書を十分に読み込んでから判断して下さい。

いずれにしても、その時がきてから動くのでは手遅れになるのが相続税対策です。相続財産のある人は、早め早めに準備をしましょう。

現場で学ぶ大切さ

第2章のコラムで詳しく紹介していますが、私は今、身の丈に合った不動産投資の勉強会を定期開催しています。

仕事を早期退職された会員さんの言葉に触発されたのですが、サラリーマンさんから地主さん、会社経営者さんまで、それぞれに合った不動産投資をする道しるべを示すことが、私の使命だと確信しました。

その言葉とは、次のようなものです。

「サラリーマンを退職してから年金にくわえて20～30万円もあれば十分。それ以上のお金は要らない。郊外に4～6世帯のアパート1棟を持っていれば十分」

私はそれまでリスクを取ってでも拡大していくのが善だと信じていましたが、この考え方はポストコロナの時代には本当に善なのかと疑問を持つようになりました。

大儲けはできないけれど、大やけどもしないためには何をすべきか?

その解は、身の丈に合った不動産投資を行い、人生の晩年、最晩年も楽しく安心して過ごせるように、ほどほどに豊かになるということです。

バブル崩壊、阪神淡路大震災、少子高齢化、リーマンショック、東日本大震災・・・。そしてコロナウイルス禍と経済ショックと災害は、常に予測不能で起こります。

ポストコロナの時代は今までとは次元が違ってくるかもしれません。

やはり地主でもないサラリーマン投資では、5億円も10億円も投資せずに、身の丈不動産投資をするのがストレスもなくて良いかと思います。

相続対策などが必要な方には、それに対する対策も必要です。

そのために必要なのは知識です。特別なノウハウではありません。

ニーズに合ったプランを考える。

まっとうに建物をつくる。

しっかりと客付けをする。

時代に合った不動産投資を共に学んでいけるように、とにかく現場主義、現場第一の他所にはない不動産投資セミナーを定期的に開催します。

これは今後、新たにアパートローン30年という期間を掛けて物件を持ったとしても、このようなことがいくつも起こる可能性を否定できません。

とにかく実践で使える不動産投資の技術について全般のノウハウを提供します。失敗と成功を知り尽くしている兼業大家の白岩貢と、それぞれの専門家であるパートナー達を講師として、不動産投資に関わることを実践的に学べます。

その他、各種の相談等は随時お受けするこじんまりとした体制ですので、ご興味のある方は私のホームページをご覧ください。

今後は不肖、白岩一兵卒として、新規一転、初心に帰って頑張るつもりです。

おわりに

本文で述べましたが、多くのサラリーマン投資家さんや地主さんが、長引く空室や不意の修繕に苦しんでいる事例をたくさん見てきました。

特に、最近は地方で大規模な中古ＲＣマンションを購入したり、首都圏の利便性の低い立地で狭小の新築アパートを購入したりなどが散見されます。

知識の少ない投資家さんに付け込む、強引な業者にいいくるめられて収益性の低い物件を取得してしまった結果ですが残念でなりません。

大手ハウスメーカーで建てたアパートを両親から引き継いだ二代目大家さんは、かかりすぎる修繕費にキャッシュフローは悪化の一途。

さらにようやくアパートローンが終わりそうだったのに、新たに数千万円のリフォームローンを背負ってしまったという話もあります。

不動産投資というのは少しでも間違えると本当に苦労します。

一般的には「不労」所得と思われていますが、これでは「苦労」所得です。

そうならないためにも必要なのは、知識を得ること。くわえて常に変化する時代に柔軟に対応しながらも、その芯の部分はしっかりブレないままでいること。矛盾しているようですが、一本筋を通しながらも、しなやかに時代と共に進化できる投資でなくてはいけないと感じています。

これから大家さんになろうと思っている方も、現在苦労されている大家さんも、目指してもらいたいのが、本書でお伝えしてきた「身の丈不動産投資」です。

私の場合、立地と建物にこだわるのが特徴ですが、その前提としてアパートは「人が寝起きする家」であり、その入居者にも安心して充実した暮らしを提供したいと考えています。

入居者に喜ばれるのはもちろん、近隣にも受け入れられ、大家さんも嬉しい。工事に携わる工務店や職人さんたちも嬉しい。

このような形になれば、私にとってもこんな嬉しいことはありません。

誰か一人が勝つのではなく、関わるすべての人にWinWinになってもらいたい。それが私の願いであり、モットーです。

これらが全て叶えられるのは、必要以上に欲張らない「身の丈不動産投資」です。

リーマンショック以前から、不動産市況と強く関わり続けてきた私は、これこそポストコロナ時代にふさわしい投資法であると確信しています。

この考え方に賛同いただける方は、ぜひ私の主宰する勉強会に足を運んでください。お悩みの相談も歓迎します。

最後に、通算17作目となる、拙著をお読みいただきましてありがとうございました。

読者の皆さんが、それぞれ豊かになれる投資の成功を祈っております。

2020年8月吉日

白岩　貢

著者略歴

白岩 貢（しらいわ みつぐ）

1959年、世田谷で工務店経営者の次男として生まれる。

世田谷にて珈琲専門店を経営していたが、株式投資の信用取引に手を出してバブル崩壊と共に人生も崩壊。夜逃げ、離婚、自己破産を経てタクシー運転手になり、その後、土地の相続を受けて本格的にアパート経営に乗り出す。

60室の大家でありながら本業の傍ら不動産投資アドバイザーとして、その時代に合ったアパートづくりを累計380棟サポートしている。現在は、東京・京都を中心に日本のブランド立地で徹底して建物にこだわった「旅館アパート」を開始約2年で30棟以上（本書執筆時）展開中。

著作に「アパート投資の王道」（ダイヤモンド社）、「親の家で金持ちになる方法」（アスペクト）、「オリンピック後も利益を出す「旅館アパート」投資」「新版 新築アパート投資の原点」（共にごま書房新社）ほか、計17冊執筆。

■著者HP・ブログ　http://shiraiwamitsugu.com/

ポストコロナ時代の"新"大家戦略！
堅実にお金を殖やす
"身の丈"不動産投資

著　者　白岩 貢
発行者　池田 雅行
発行所　株式会社 ごま書房新社
〒101-0031
東京都千代田区東神田1-5-5
マルキビル7階
TEL 03-3865-8641（代）
FAX 03-3865-8643
カバーデザイン　堀川 もと恵（@magimo創作所）
編集協力　布施 ゆき
印刷・製本　創栄図書印刷株式会社

ISBN978-4-341-08769-2 C0034